아버지는 매일 가출하고 싶다

如果爸爸是个职业 我想跳槽

一个曾经不靠谱爸爸的真诚自白

[韩] 金熙坤 / 著　王曼琪 / 译

中国画报出版社
CHINA PICTORIAL PUBLISHING HOUSE

谨以此书

献给天下所有的父亲

满满的都是爸爸的回忆

满满的都是爸爸的爱

现在，希望爸爸越来越幸福

爸爸的条件

——佚名

他，是上帝创造的

如山一样有力

如树一样威武

如夏天的阳光一样温暖

如平静的大海一样沉着

如夜晚一样深沉

如历史一样智慧

如飞翔的秃鹫一样强壮

如春天的早晨一样快乐

他，是一个永远的忍者

上帝把所有的一切都赋予了他

当再也别无所求时

就是他完成了自己的杰作的时候

所以

上帝给他取名为“爸爸”

在爸爸的眼里看不到眼泪

爸爸喝的酒里常常

一半是看不到的眼泪

——金贤承，《爸爸的心》

目 录
CONTENTS

前 言

50岁的爸爸，想和儿子做朋友

在这本书里，你会看到一个曾经不靠谱的爸爸的坦诚自白。20年来，这个爸爸的人生坎坎坷坷，最终因美国经济危机，在人生迈入50多岁的时候辞职在家，陪儿子准备高考。然后，戏剧性地，他重新获得幸福生活。就是这么一个简单的故事。这个爸爸就是我。

似乎是一个大公司的经济危机引发了蝴蝶效应，短时间内，经济衰退蔓延了大半个地球。那天早上，我们公司也突然间像爆胎的汽车一样趴窝了，陷入了濒临倒闭的境地。满脸惶恐的人们束手无策，慌慌张张地跑来跑去，却只能造成更大的恐慌，加剧彼此的伤痛。

上班的路上，外面下着暴雨。雨点重重地打在汽车玻璃上，就像是锤子敲打心脏的声音。就在这个暴雨的早上，我突发奇想：我要休假几个月。与其彼此之间要看脸色行事，还不如拍屁股走人，一了百了。这是一个50多岁的爸爸——一个习惯了在职场上摸爬滚打的老男人——做出的一个冲动的决定。

在10年前的IMF（国际货币基金组织）救济贷款危机中，我也曾经果断地关掉公司，飞到西班牙留学。而这一次，我又毅然鼓足勇气，下定决心要陪儿子，一起度过他高考前这段地狱般的生活。坐在儿子身边，虽然，我面带笑容却难掩倦意。儿子似乎很心疼似的凝望着我说：

“爸爸，公司的事很累吗？别太累了，去哪儿旅旅游吧！我理解您。”

说完，儿子又开始奋笔疾书，继续做他的作业。一时间，我竟然愣在那里，没有做出明确的回答。这个炎热的暑假，我们爷俩像是在客厅里举办夏令营。和儿子一样，我也从早到晚伏案而坐。读书累了，就写；写得倦了，就再读。甚至都没有睡过一次午觉。记忆中，我还从没有和儿子这样一起并肩战斗过。

儿子最累的时候，我在他身边默默地陪着，同时也依稀看到了我的未来。我真想像儿子一样，经过一番努力之后，能有一个明朗的结果。儿子一心想考进录取率极低的名牌大学，即使已身心疲惫，也拼命地打起精神学习，恨不得用根棍把眼皮支起来。在酷暑中，一周又一周过去了，我和儿子竭尽全力一起学习，终于坚持到最后。

在那段日子里，儿子渐渐地向我敞开了他疲倦的心扉。旅行的真正乐趣是和风一起分享内心，而我在这段日子里的最大乐趣，就是和儿子一起分享他的感受。如果我的人生明天就戛然而止，那么我一定抓住机会，对儿子说："和你一起度过的那个炎热的夏天，是我人生中最美好的回忆。"但此时，我能做的，只是按捺住涌动的情绪，坐在书桌前不断地问自己：我这个50岁的老爸，能真正走进孩子的心里，成为他的朋友吗?

50多岁，我知道儿子将来一定要成为SKY大学毕业生的理由；50多岁，我才清楚自己以后该过怎样的生活。

★退休以后，我还有很长的人生路要走

★为了爱和幸福，我要不断地更新自己的知识

★像一日三餐一样，养成锻炼身体的习惯

★寻找力量的源泉，让我足以面对所有的孤独和喜悦

我还不知道能不能和儿子成为真正的朋友。但是，我已经可以做到，不做一个灰心丧气的爸爸，学习每天慢慢地成长的方法。作为不靠谱的爸爸，我此时的生活已经变得更加幸福了。

Chapter 1 “爸爸”这两个字

爸爸的骨骼里有风
我要走过那风
——申龙木，《芦苇》

爸爸的初体验

初当爸爸，紧张、恐惧、激动、兴奋，
各种心情掺杂在一起

儿子出生时的情景，至今仍恍如昨日，历历在目。一开始，我自然倾向于让妻子自然分娩。但是当分娩的日子越来越近，主治医生渐渐地倾向于剖腹产。无奈之下，我通过熟人将妻子转到了大学医院。因为我听过这样的忠告，尽管婴儿都看似简单地从母亲的子宫里生出，但顺其自然地诞生，对母亲和孩子都更好些。何况，动刀的事情总是有风险。我和医生约定，尽最大的努力让妻子自然分娩。我徘徊在产房门前，坐立不安。想到万一医生还是要在妻子的身体上开刀，自己就好像变成了罪人。

可是，医生突然从产房出来，不容分说地把我揪了进去，告诉我情况不妙，只能剖腹产。当时，我和岳母一起在产房外面等待。由于我是丈夫，就把我拉了进去，选择孩子的出生方式。

怎么会这样？命运真是捉弄人。明明昨天我自己还尚未成熟，现在，岳母就把自己女儿的生死大权交给了我。

书桌上放着文件和圆珠笔，这份文件是那样霸气地说明，在手术过程中不管发生什么情况，即使患者有生命危险，也不得追究医院的责任。这些没良心的，手术究竟是由谁来做？为什么要让什么都不懂的家属承担这个责任，简直岂有此理！虽然十分愤怒，我甚至想和医院干一仗，但由于“敌人”的手里有“人质”，我只好忍气吞声。面前的医生手里有手术刀，而我手里只有一支圆珠笔，只好先让自己冷静下来。

作为建筑师，同样是上班族，我却感到了太多的不公平。设计过程中，我们从来没有让房主写过绝对不可以提出任何要求的保证书。相反，建筑中出现有瑕疵的情况时，我却要依据签订的合同承担所有法律责任。相比而言，医生真是拥有伟大特权的职业。

这使我想起了一位前辈朋友之前说过的玩笑话：在医院，医生面对的是患者，所以医生总是比患者强势；在法院，律师面对的是寻求救命稻草的委托人，所以律师也可以威风凛凛。但是，在建筑领域，建筑师面对的是成功的富豪，所以建筑师总是千方百计替人着想，却往往不能让人十分满意，被挑剔指责也就成了家常便饭。父母们总是嚷着要把子女送到医科大学，我想原因就在于此吧！

转瞬间，我脑海中浮现出无数个画面。一想到妻子和即将出生的孩子的生死都取决于我的签字，我就感到害怕。我想要逃跑。就在昨天，我还在想象一定要生一个世界上最聪明、长得最帅的儿子。如今，我的愿望只有一个，和其他的爸爸一样，我虔诚地祈祷：请上帝赐给我一个手脚健全、平凡又健康的孩子。时间一分一秒地流逝，让人等得很焦急。很久之后，如神殿般的手术室的门终于被神圣地打开了。

我和儿子初次相见的地方是手术室外毫无生气的走廊。当时，我正像罪人一样用双手祈祷，在走廊里踱来踱去，就像即将打开潘多拉魔盒一样等待着，真是望眼欲穿。终于，上帝打开了坚固的大门，依偎在襁褓中的他被护士抱着，非常缓慢地向我靠近。他就像刚结束了在护士怀里疲倦的旅行一样看着我。他就像是刚从灵魂的井里打出来的甘泉一样，小脸儿通红，洋溢着生命的气息。至少，在我这个爸爸眼里是这样的。

儿子小脸上的血迹还在，像泡得涨透了的肉团一样，虽不起眼儿，却是一个鲜活的小生命，和地球同呼吸共命运。上帝完美地满足了我的第一个祈祷，即使护士不说明，从他忽闪忽闪的眼睛里，我也能猜到他是健康的。

我禁不住吃吃地笑！

儿子伸懒腰时的哭声似乎是在向世界呐喊，深深地震撼了我的心。啊！感谢上帝！正当我满心欢喜得要跳起来的时候，鲜红的血迹突然牵住了我的视线，我的心“咯噔”一下沉了下来。我看到儿子的脸上有一条非常鲜明的刀疤。妈妈羊水的味道还没有退去，他发红的小脸上却留下了像初月一样显眼的刀疤。和蔼可亲的护士面带微笑轻描淡写地说，这是手术中常常发生的轻微小伤。我对此很不满意。如果我设计的建筑物的门窗上有划痕，房主会无视它吗？难道告诉人家说这是光荣的伤口？小家伙不能顺利地通过产道出生也就罢了，他只能通过手术从母亲的身体里被取出来。但此刻，在他的脸上却留下明显的刀疤，不管怎么说，这是妈妈身上掉下的一块儿肉呀！怎么能随便就被割一刀呢。

欢迎过小家伙后，我便开始了等待妻子的漫长过程。终于，妻子像胜利者一样，带着太阳般灿烂的笑容出现在我面前。我怀着愧疚守望着妻子。这时，医生像祭司一样一下子用双手把我的儿子举向天空。我们感受到了上帝创造人类的威严。

当了爸爸，更懂得担当

只要听到孩子们叫“爸爸”的声音，
什么烦心事都成了浮云

无论在公园里、街道上，还是公交车或地铁上，哪怕只是看到小家伙趔趔趄趄走路的样子，我都觉得儿子是最棒的。不管儿子在多少个孩子中蹦跳玩耍，只有他总是像太阳一样，散发出独特的光芒，照耀着我的心。儿子是我的另一个心脏。

有一次，妻子朋友的丈夫开玩笑，说让我儿子做他的女婿。坦白地说，我很不高兴，勉强露出肯定的笑容。其实，我内心的期望却更高。朋友看出我的意思，不再提这事儿。我就像刚救了儿子一命，如释重负。我在心里大声地向上帝祈求更大的愿望：反正儿子你也赐给我了，我再贪心地求你好好培养他。在旁边看孩子的岳母觉得我太不通人情世故，埋怨妻子：

“原来你们对孩子的期望那么高啊！”

那又怎么样呢？我儿子的婚事当然是一件很严肃的事情，哪能如此轻率。如果对未来的爱情满怀希望，人生才能无悔；如果没有经历轰轰烈烈的恋爱，还没给人生留下美好的回忆，就直接进入没有激情的婚姻，那样的婚姻只能是人生的束缚。夫妇之间新婚的甜蜜会瞬间消失，就像铁轨上飞奔的火车一样快速跑掉了。对于我那历经坎坷才出生的儿子来说，如果对爱情连梦想和希望都没有，就定下一门亲事，真的是疯了一样的举动。

或许梦想破灭是理所当然，但是我们夫妇乐意怀揣梦想，不惜一切代价为之努力。或许我们的儿子是天才呢！真的是天才怎么办……这些话反反复复地在耳边回荡。在我们的眼里，孩子在纸上画画，一定会成为毕加索；按琴键会成为莫扎特；玩弄筷子会成为指挥家卡拉扬；翻开书会成为爱因斯坦；孩子的步伐中有亚历山大王的雄浑气魄……我们膨胀的梦想，是无论谁都无法打碎的堡垒。

孩子永远是自家的好。这在后来的日子里反复被验证。在儿子和女儿小的时候，我们家每年夏天都会去西海岸万里浦旁的幽静海边度假，带着远在法国学习的小姨子给两个孩子邮寄来的漂亮泳衣。孩子们在都市里罕有下水的机会，所以去水边的时候，我们给两个胖乎乎的孩子穿上泳衣。当时在韩国，能穿上这样最新、最时尚的泳衣是令人很羡慕的。小姨子攻读设计专业，她凭借自己专业的敏锐眼光挑选的泳衣使盛夏变凉爽了。

但小姨子看到孩子们的照片时说的话真是可气。妻子给小姨子寄去了孩子们的照片，小姨子看到照片后感叹："长得这么难看的小家伙们是我的外甥、外甥女吗？"听到以后我立刻反驳道："这么可爱的孩子们怎么不好看了？"

但妻子说道："坦白地说，我们的孩子胖得像香肠一样一节一节的，嗯，是不太好看……"

妻子的话刚一说出，我的心就像乌云般低沉下来。但转念又想通了，那又怎么样？刚满周岁的女儿，穿上黄色的比基尼，的确像根香肠，但在香肠的上下都系着飘带，还是很可爱。女儿一摇一摆地在海边玩耍，所有人都盯着她看。我就像是奥黛丽·赫本的恋人一样神气地跟在后面。不知从哪儿听到了某人的窃窃私语：

"看，那个孩子很可爱吧……"

我露出了骄傲的微笑。可不是嘛，我们的女儿多可爱。我没高兴多一会儿，就听那边又有人说：

"你看，那个小家伙穿着的比基尼是不是很可爱？"

太可恶了，他们只知道看泳衣！现实真是太冷酷了，她们只看到了法国产的泳衣漂亮，却不懂得欣赏我们胖乎乎的可爱女儿，真是不懂得欣赏。不管怎样，我从未怀疑过我女儿的漂亮、可爱。

人生在世，无论遇到什么挫折，只要听到孩子们的声音，心中的烦恼就会跑得无影无踪。妻子给我打电话的时候，我都会先让小儿子和小女儿跟我说几句。我知道，当我有紧急的事情要处理，心里万分焦虑的时候，只要听到孩子的声音，我的心就会重新平静下来。听到孩子叫“爸爸”的声音时，我是多么开心。当我和妻子的爱情渐渐淡去时，我发现了新的感情寄托，那就是孩子给予我的亲情，让我享受到了天伦之乐。这就是我当时还不知道的人生第一法则。

我是以坚持自己的梦想为生的建筑师。为了建成房子，要做很多准备工作，从最初的想法到画出图纸，画透视图、鸟瞰图，再到制作模型，要尝试数百次，才能成功造出房子。建筑师构思时，看着用很少的材料制成的模型既小巧又漂亮，就像看着自己的小孩子一样可爱。如果把首尔制成一眼就能俯瞰的模型，那一定既可爱又美丽。看那些模型时，所展现的空间和形态的微妙差异，才是最迷人之处。这个着眼点，就是专业人士和非专业人士的差异。根据模型的效果，对设计方案进行最后修改的人，就是我们这些建筑师。

因为有了孩子，我们看事物的角度就和以前不一样了。结婚之前，每次在饭店里看到大吵大闹、一点儿规矩都没有的孩子，就心生烦躁；如果孩子父母再放任不管，就会忍不住皱起眉头。可当自己真的做了父亲之后，便觉得孩子无论怎样，都是可爱的。遇到那些看到孩子吵闹皱眉的人，我会觉得这些人冷酷，没有人情味儿。所以，自己孩子的言行，有时在我眼里是浪漫有趣的生活，而对别人来说或许毫无意味。我偶尔看到责怪孩子的大人，表面有时不得不表示赞同，但内心却非常不是滋味。相反，如果有人拉住我的孩子给予称赞，或者赠与一点小小的礼物，我即便嘴上假装说“这不可以”，内心也会很喜欢那个人。

无论你是多么伟大的建筑师，发现自己制作的模型的优缺点都需要大概一周的时间。对于自己的作品，有信心接受他人批评的建筑师很少。关于技术层面的讨论，我们经常遇到个人情感上的障碍。这要归根于社会上根深蒂固的儒家中庸思想。公开讨论时，为了尽可能不伤害对方的感情，而挑选合适的措辞，还真是颇费心思。如果对方是建筑界有名望的前辈，就更是如此。和我们相比，在西班牙就不是这样，无论对方是晚辈还是教授，评论者都懂得区分公开评判和私人的感情。他们据理力争，不考虑个人的感情因素，正是这样的讨论使得他们的建筑文化达到了世界级水平。

当然，在子女教育的问题上也存在同样的现象。我们都有过分地溺爱孩子而无法区分理性和感性的问题。

无论什么场合，儿子总是能找到喜欢他的人。一放假，儿子就会找最喜欢他的外婆。有一次，我的岳母带着儿子乘坐公共汽车到百货大厦，和一群看起来像是女大学生的漂亮姐姐们一起用餐。儿子从外婆的怀里挣脱出来向姐姐们走过去。在一个最喜欢自己的姐姐面前调皮地伸出小手，左右摇晃着脑袋，哼唱着不知道是什么的歌曲，然后他得到了糖和巧克力。就连那么盲目溺爱孩子的岳母，都因儿子把她老人家置之脑后而感到了背叛，更何况我们这些爸爸妈妈呢？

爸爸也喜欢漂亮的女人

人见人爱的女儿长大后，开始
和爸爸划清界线

儿子开始出现雄性特征了。嗨，看看他下面那个小家伙，真行。儿子终于和我以男人的身份相见了。

儿子小时候，不管什么时间，尿尿的时候，总是找爸爸，并发出“嘘”的声音。那时，儿子的小鸡鸡就像蜷缩的蜗牛一样，只有在他撒尿的时候，小铃铛才挺得直直的。脱下裤子等待爸爸帮忙的小东西还真是可爱。抬起还没有力气的小鸡鸡，我的手指间还是感觉到了小小的压力。那只是暂时的，以后儿子会把持好自己的小鸡鸡。完成自立只是一瞬间。

有一天，自尊心很强的女儿问我：“爸爸，我也可以像哥哥一样站着撒尿吗？”

我当时特别慌张。庆幸的是妻子很快岔开话题，避免了这次的尴尬。但是女儿这样追问，使当爸爸的很难堪。女儿和爸爸的关系突然转变成了女人和男人的关系。

虽然女儿比儿子更健壮，但是世上男人和女人的关系是很分明的。要给儿子穿上简单又实用的衣服，却要给女儿穿装饰很漂亮的衣服，给女儿戴上有花纹蕾丝的发卡；儿子就算不穿裤子耷拉着小鸡鸡也行，可女儿要是不穿裤子，父母就会无地自容了。儿子的衣服脏了，才想起给他换干净的衣服，而女儿的衣服要始终保持干净漂亮，所以要频繁地给她换衣服；抱着儿子就像抱珍岛狗一样很不舒服，但是换了女儿就感觉像爱犬一样柔软而轻巧。

从西班牙回国的途中，虽然我身心疲惫，但最先逛的地方就是给儿子和女儿买礼物的商店。我毫不犹豫地为女儿选了洋娃娃，为儿子选了小汽车。每每儿子玩小汽车，都会半跪在地上，他推着小汽车行驶的时候，完全沉浸在自己的世界里，找到了他的存在感。相反，女儿手里拿着洋娃娃，一遍遍地给洋娃娃讲故事，厌倦了就脱掉洋娃娃身上的衣服，用她喜欢的袜子或者旧衣服做成漂亮的衣服，再给洋娃娃穿上，然后转过头对我说：

“爸爸，你看，我的洋娃娃怎么样？”

我认为安静的女儿玩得更有创造力。儿子还在吃力地用小汽车撞墙壁的时候，女儿已经开始绘声绘色地给洋娃娃讲自己编的故事，甚至为了更好地演绎舞台上的公主，自己又变身为服装设计师。遗憾的是，女儿、儿子和爸爸保持亲密的时间并不长。某一天，女儿的身体发生了变化。从那天开始，女儿不再是那个小时候穿着尿不湿的小女孩儿。突然，她就开始和爸爸保持距离，不让爸爸给她洗澡，也不让爸爸看到她的身体。儿子也不再耷拉着小鸡鸡到处乱跑。再之后，儿子开始梦中遗精，女儿初次来月经。成年男女之间的壁垒，就这样无可避免地在家中出现了。

爸爸的爸爸

孩子爷爷的离去，让我这个不懂事的

孩子爸爸终于长大成人了

我想做一个好爸爸。但每当想起自己已故的父亲，我就感到非常对不起孩子，因为我没能像父亲那样做一个好爸爸。匆忙间，我的人生使命就开始了。

那时，我正年轻气盛，桀骜不驯，只身闯荡首尔。父亲一个人孤单地生活在遥远的故乡，尽管他曾经像指路明灯一样给我希望。在首尔，我无数次碰壁，身心俱疲。因为我这个颓废的小儿子在城市里受苦，父亲忧心忡忡，身体和精神变得越来越差了，耳朵慢慢变聋了，意识也渐渐模糊了。20世纪80年代末，首尔和蔚山的距离比现在还远。那是私家车很罕见的年代，客运大巴和火车是仅有的交通工具。

那时，我每月只能回家一两次。每次回家时，我都会牵着父亲的手去母亲的墓地。

他每次都像石碑一样直直地坐在墓地西边平坦的地方，温和地望着我，然后凝视着这片空地，又把目光投向了南面的海边。好像已不知有多少次幻想着在不远的时日，站在冰冷的大地上，拄着拐杖……他很淡定地在自己将来的墓地徘徊，偶尔，俯瞰山下，竟被眼前宽阔的视野所感动，哽咽着说："这地方真敞亮啊！"

每当那个时候，我都会有种奇妙的满足感。现在，我很想念缓慢地转过头向我深情微笑的父亲。当时，我不知道他老人家正在悄悄地等待着死亡的到来。

那一次，我照例陪他去墓地。父亲刚走到母亲墓地的拐角处，就突然停住了。我明显能感觉到他面露惧意。然后，他就像枯树一样倒在草丛中，他的手无力地悬在半空中向我缓慢挥动。我一向胆子大，但那时竟然冒了一身冷汗，心怦怦地跳。我去搀扶想要站起身的父亲。平时，他手脚灵活，但那天，他却动不了了。当时，我的心情就像是压着一块巨大的石头一样，无比沉重。

"看完你母亲，早点儿回来。"

这句话深深地刻在我的心上。在母亲的墓碑前，我供上盛满烧酒的酒杯和水果，像往常一样行了礼。我一个人坐在那里，陷入了对母亲的思念。这儿只有一个墓碑，空空荡荡。之前，每次来到母亲的墓碑前，父亲总是会把旁边那块空的墓地收拾一番……但那一天，他已经走不到墓地，那情景比任何时候都要凄凉。

“妈妈，爸爸今天好像不愿意来看您。我得快点儿回到爸爸身边，下次我再来看您。”

我急匆匆地从墓地赶回来。看见父亲还在拐角处像岩石一样待在原地，只是呆呆地望着我，一句话也没有说。父亲那瘦小的佝偻的身躯，像是中了魔法一样，只能小心翼翼地移动。我扶着父亲缓慢地往回走。

我们从小道出来，走向宽敞的大道。这时，一头老黄牛缓慢地拉着车从父亲身边走过。我看到父亲吃力的脚步，听到老黄牛粗粗的喘气声。那一刻，我突然感到非常难过。父亲每走一步都要停下来休息一下，这样不知道走走停停了多少次，才回到家中。当时，我万万没想到，那是父亲生命最后的火花。

“托老伴儿你的福，我会好好地活下去。”

这是母亲生命垂危的时候，父亲说给母亲最后的话，给我留下了深刻的印象。我再没有听过比这更深情的爱的告白。父亲用他那宽广的胸襟拥着母亲，留下了爱的誓言。

父亲年轻的时候，总是惹母亲生气，可母亲却从来没有在孩子面前表露难过的神情。直到安然离开人世，她自始至终保持着大家闺秀所特有的温和、正直的性情。在母亲的影响下，她生病住院需要做手术时，父亲变得更加勇敢了。父亲叫来哥哥们，说母亲需要手术治疗，并且随时可能病发离世。直到母亲最后一刻，父亲都给予母亲深情的关爱。

后来，我把这些事情讲给妻子听，讲着讲着我泪如雨下。那些记忆仍历历在目：身体硬朗的父亲用全身气力抱着停止呼吸的母亲。送走母亲两年后的一天，父亲像影子一样，跟随母亲悄悄地去了，离开了我们。父亲凭直觉感到生命的终点越来越近，终于还是走进了坟墓。

我只要一有空儿，就会带着孩子们去父母的墓地。现在日子好了，可以开着私家车去墓地就像旅行一样。孩子们知不知道爷爷奶奶的历史呢？在父亲和母亲的墓前，孩子们尽情玩耍着。我躺下来仰望天空，并向天空发问道："两位老人是否牵着手，过得很好……有没有看到我们过得很好啊？"

母亲去世之前，一直想看着我这个小儿子结婚。我现在终于理解了她的心情。如果我能和深爱的妻子一起送走母亲，相信母亲就不会伤心了。但我心里一直很后悔，没能早点结婚，让母亲如愿。母亲去世时，我依然没有体会到最深的无助感。因为看似强壮的父亲一直还在坚持、忍耐着。父亲抱着母亲的尸体，好像并不伤心。他那宽大的胸膛把母亲的身体遮挡得严严实实。父亲抚慰着我，没有让我看到母亲的尸身。大概是担心我无力面对。

但等到父亲去世时，一想到这个世界上再也没有可以依靠的人了，我也终于懂事了。

父亲躺在那里，身上盖着一块白布，等着小儿子回来。掀开盖在父亲尸体上的布，我看到父亲的样子就像是刚刚睡着，虽然闭着眼睛，但我能感觉到父亲的灵魂还没有离开，还面带微笑地说：

“你这家伙，怎么才回来？我现在就要去见你妈妈了。”

直到面临死亡，父亲还在安慰子女，他的话语震撼了我的心灵。以前，我在人生中从没有撕心裂肺地痛过，没有经历过痛得要流眼泪的时候。父亲的身体曾像棉花糖一样轻盈，现在却像穿上了铁甲一样，僵硬又沉重。在父亲的尸体面前，一直不懂事的小儿子终于长成大人了。母亲父亲相继离世，留下我一个人，彻彻底底的孤独感、无助感油然而生。我只能把安详长眠的父亲埋藏在我孤独的心中。

父亲的爱撑起这个家

父亲的胸膛曾是我的游乐场，

也是我的避难所

过了50岁，我才开始理解父亲当年肩上的那些重负。父亲是一个善良却贫困的农民，一直小心翼翼地守护着自己身为父亲的自尊心。我这个小儿子准备上大学时，他因为无力为我交学费，决定卖掉宝贵的田地。要知道，作为农民，他可是把田地看得比自己的命还重要。

为了我的未来，父亲最终还是卖掉了田地。我出生时，他已经50岁了，脾气虽然倔强，但对我这个小儿子却无比疼爱。他总是对我说希望和梦想。对我来说，父亲永远是那位和气正义的堂·吉诃德爷爷。就算我考试没考好，他也不会发脾气。我睡午觉的时候，他也从不会叫醒我，总是等着我自然醒。

去学校的公交车一小时才发车一次，每到赶集那一天车上人多得要被挤爆。那时候，售票员姐姐竟然还可以在其中穿来穿去，力气怎么那么大呢？我总是挤不上去。从初一上学期开始，我就是班里的迟到大王。无奈之下，我只好离开父亲的怀抱，在城里住宿。每到周末，我都会回家，怀揣着对父母微不足道的爱，却像帝王一样，随心所欲向父母索要一切。每个周日晚上都那样让人讨厌，我不得不恋恋不舍地离开家，回到城市。

那时候，我不知道有多羡慕村子里的朋友们可以在乡下读中学。明亮的灯光照亮了铺满灰尘的城市，使得城市不像乡下那样昏暗。那是多么明亮而有文化气息的灯光，却不能像乡下的萤火虫那样温暖我的心灵。

每到周日晚上父亲都要送我。他肩上背着小包袱向村那边的马路走去，那样子特别像大力英雄赫拉克勒斯。母亲依依不舍地挥着她那干瘦的手，看着我跟着父亲一起向远处跑去。整个晚上，我和父亲一起走在路上，一点儿也不害怕。父亲在山下吃力地走着，看到公交车朦胧的灯光后，便放下背上的包袱。然后，一只手抓着我，一只手抓着包袱，等着车停下，车门打开。我们上了公交车，父亲放下包袱，把车费给了售票员，然后又飞快下车。对我们的家来说，那真是一段艰难而贫困的日子。直到车开到市内，我心里都还很难受，一点儿都轻松不起来。因为每天的农活儿堆积得像山一样高，都得父亲一个人干。

我怀着沉重的心情，边走边回头看，直到看不清父亲的脸。

但他还是像电线杆一样直直地站在那里，不舍得离开。这一幕深深地印在我的脑海里挥之不去。对父亲来说，我是什么呢？难道我是他的另一个心脏吗？还是只是一个颓废、没出息的小儿子呢？

我把这一切胡思乱想抛在脑后，望着坐在书桌前解答试题的儿子。看到儿子被高考牢牢地套住，吃力地孤军奋战，我心里真不是滋味儿。可是，我对待儿子没能像父亲待我那样慈爱，也没能用无尽的爱安慰儿子。每当他遭遇挫折的时候，我只是像墙上的挂钟传出的钟声一样，警告儿子要面对现实。我严肃地对儿子说："看看自己考多少分，就知道上SKY大学有没有希望。"

父亲在我面前从来没有说过不抱希望之类的话。我怎么可以这样对待儿子呢？动不动就随意伤害儿子已经疲惫不堪的年轻的心灵。我的脾气到底是从哪里来的呢？每当我冷酷无情地看着儿子的成绩单时，耳边总会响起父亲那宽厚的话语：

"你这家伙，不要对孩子那么刻薄。"

人世间冰冷的"暴风雨"一次次地蹂躏着我的心。每当那个时候，我内心的一点点希望总是指向父亲，期待父亲的灵魂能敲开我的心扉，走进我痛苦的内心，为我疗伤。就算"电闪雷鸣"击碎我的心，父亲那温暖的关爱也会让我获得重生的力量。"暴风雨"过后，生活都更加艰难。每当我受伤的时候，想起父亲的爱，伤口就会很快愈合结痂。

我好不容易从经济危机中摆脱出来。我已经遍体鳞伤，拖着疲惫的身体，就像梦游一样跑到父母的墓前。那是唯一能够抚平我内心伤痛的地方。如果妻子听到我这样说，也许会很伤心。但这的确是事实。我像抛锚的汽车一样，可怜兮兮地趴在路边，陷入绝望中。每每这时，我总会听到父亲的声音。

“儿子，爸爸不希望自己拖累你，让你变得贫困和疲惫，而是希望你变得富有，获得成功，哪怕你为此顾不上我。”

父亲的胸膛总是儿子的游乐园，也是儿子的避难所。当我内心无法平静，有点儿声音就会烦躁的时候，我所依靠的避难所就是家乡父母的墓地。这是我的精神栖息之地，每次来到这个圣地，我的心情都非常激动。

无论我身处何种境地，对父亲的回忆，都支撑着我的生活，总会使我比现在变得更加强大有力。那么，在儿子看来，我又是一个怎样的父亲？我也能像我父亲那样用两个心脏活着吗？

父亲恋爱的艺术

爷爷的浪漫情怀，既让爸爸羡慕不已，
又让爸爸感到惭愧

我从贫困的农村走出去，大学毕业后在大企业工作。父亲总是为此而自豪，脸上总是洋溢着笑容，至今我都无法忘怀。然而，我却苦恼了很长一段时间。为了梦想，我一边在建筑事务所工作，一边攻读研究生。最终，我没能如母亲所愿留在她身边工作、生活。而是为了满足自己的野心，放弃和母亲一起生活，毅然决然地去了首尔。我没想到，这却成了我和母亲之间最后的遗憾。

首尔和蔚山，对年轻的我来说，无论工作还是学习，距离都是那么遥远。一天的黎明时分，我回到住处正要倒在床上睡觉时，接到了一个晴天霹雳般的电话，深爱的母亲去世了。噩耗刺痛了我的心。

记得那次母亲挑选了她非常中意的姑娘逼着我结婚，我冷冰冰地拒绝了。父亲抱着母亲冰凉的尸体却笑着对我说：

“你这家伙，你的母亲去天堂了。以前，她一直担心你，现在却先走了。”

父亲的话就像话剧台词一样。说话间，我用手轻轻地抚摸着母亲的脸颊。我现在似乎理解了丢下还没结婚的孩子离开人世的父母的心情。在母亲的灵柩前，父亲一句话也没说。当时，我和妻子正处于热恋中，我常和她讲母亲生前的故事。父亲和我在母亲的灵柩前，通宵聊着我和妻子谈恋爱的事。

从小时候开始，我就和父亲无话不谈。上小学时，我是一个非常非常调皮的淘气鬼，曾用弹弓打碎过教室的玻璃。当时正值冬季快放寒假之时，班主任老师叫住了我，还在同学们面前宣布不能给我颁发三好学生奖状。我不但没有为此害羞，还跑到父亲面前诉苦，父亲竟然没有责备我。最后，父亲找到了论起来算是他侄子辈的校长，让我拿到了三好学生奖状。

在母亲的灵柩前，我和爸爸讲了很多很多，包括和妻子是从什么时候开始牵手的，在哪里吃了什么，去了哪儿，聊了什么，甚至什么时候初吻都和盘托出。我想，那天躺在棺材里的母亲听到这么有趣的事，也一定不会无聊了。

我和父亲之间没有任何的隔膜，像朋友一样，理解彼此的心思。直到父亲去世之前，每到睡觉的时候我都要把手放在父亲胸前才能睡着。虽然我当过韩国陆军中尉，体验过军队生活，但只要见到父亲，我就又变成了淘气鬼。那种幸福感是永恒的，父亲对我来说既是巍峨的高山，可依靠；又是无话不谈的朋友，可信赖。

读中学的时候，我住在现在的蔚山广域市的后面。那时，我是班里第三矮的学生，经常会被大家调侃。父亲是高个儿，我只能怪长得娇小的母亲了。偶尔，父亲喝得醉醺醺的时候，就会把我放在一旁逗我开心。上了年纪的父亲看着母亲，闭上眼睛，回忆起往事来了。

“和你母亲成亲那天晚上，第一次相见，她个子真的很小，我就想可能是谁家逃跑出来的孩子……”

事实上，母亲年轻时确实因为父亲伤了很多心。正因为如此，父亲具备当我的恋爱老师的资格。

那时候，我自己生火做饭，住在读女高的姐姐们隔壁的房间。20世纪70年代初，自炊房的煤炭少得可怜。我每天都出去把脏水倒进下水道，然后洗米做饭，手冻得像蕨菜一样蜷成一团。一个男孩子做这些事情，我当然觉得很害羞。

也许是因为想念妈妈，很自然地和隔壁的姐姐们像姐弟一样亲近起来。每到周日晚上，她们就像是过节一样，准备丰盛的美味。我们一起度过了非常快乐的时光。不知道姐姐们在自炊房里做的是什么好吃的，香喷喷的味道经常迎面飘来，刺激着我的鼻子。这时我就会拿着勺子去姐姐们的房间偷吃的。即使是随时可能要熄灭的炭火，我也会从姐姐那儿要来温暖我的房间。母亲听了我讲的这些事后，为了表达感激之情，就给姐姐们送来了特别的菜肴。我和姐姐们因而格外互相扶持。

然而，一个星期日的早晨，发生了一件很意外的事。读女高的姐姐们突然来到了我乡下的家中。那时候不比现在，是一个没有手机的年代。难道是出了什么大事吗？我的初中、高中都加起来，女学生找到家里的事情还是第一次，也是唯一一次。

命运真是捉弄人，偏偏就在那天，我拉着村里的朋友们去市里看电影了。除了我以外，我的朋友们都在离家很近的乡下读初中，朋友们很羡慕我在城里读初中。和朋友们一起去看电影的日子就像是庆祝节日一样，真的很开心。当时，我们看了著名的电影《暴君焚城录》，却没能理解电影的内容。外国演员很陌生，听不懂英语的发音，字幕播放的速度很快，就像倾泻的大雨一样，理解起来很费劲，真是只有感叹的份儿啊！带着很久没见的朋友们去看电影，正想显摆显摆自己去城里读书的事，家里却突然来了不速之客。

和惊慌失措的母亲不同的是，身为浪漫主义者的父亲发挥了当年的实力，带着姐姐们参观了附近的春道公园（故乡最有人气、最有看头的约会地点，位于温山工业园的岛屿），还给她们买了炸酱面，父亲就是这样一位有情趣的人。恋爱高手虽然上了年纪，可实力还是不减当年。

当然，父亲是因为她们是儿子的女性朋友才会那样做的。那时，我真的很佩服父亲，父亲像贵族士大夫一样认真招待我的朋友。我也被父亲如此浪漫的一面吓到了。父亲仔细地跟我描述这两个女高姐姐的长相和性格。父亲暗自察言观色，不禁让我感慨他依然是恋爱的高手。然而此刻，关于我儿子的女朋友的事，我只能从妻子那儿得知，这种落寞感油然而生。真是让我感到无奈啊！

Chapter 2
一切皆因我是爸爸

我现在懂得了依靠树木
懂得了倚靠着树哭泣
树的影子慢慢走进我的内心深处
懂得了变成树的影子
父亲为什么要寻找树阴呢
放下背架，呆呆地望着我
——郑浩承，《爸爸的年龄》

种瓜得豆，种豆得瓜吧

对子女的期望越高，失望就越大；
与其这样，不如顺其自然

对于子女教育的问题，如果大人一定要把自己的意愿强加给孩子，只会妨碍他们成长。与其这样伤害他们，还不如什么话也不说，用爱关怀他们就足够了。每当我教育子女想要发火的时候，我都会回想自己小时候的事情。当年因为父母对我的期望太高，我无法承受，几乎要被压垮。儿子和女儿是我人生中永远的课题。

父亲去世两年后，我的儿子和女儿相继出生了。儿子完全继承了爷爷的浪漫品质，相比而言，我以前则是戴着冷酷无情的面具，有些呆呆傻傻地成长起来的。偶尔，儿子会被我随心所欲的坏习气所伤。每每听到他提出的一些稀奇古怪的想法，我都会变得很急躁，忍不住要纠正他，让他像我一样无趣地看待这个世界。我终于因害怕俗语说的“种瓜得瓜，种豆得豆”而忐忑不安起来。我害怕看见儿子最后终于被我改造，变成像我这样平庸的人。于是，我抢先虔诚地向上帝祈祷：“种瓜得豆，种豆得瓜。”

我总是觉得，儿子和女儿摊上我们这样没什么地位，也没有太强能力的父母，给人的感觉是人生的比赛还没开始，就已经输了。每当听到妻子说如果把孩子托付给江南地区的哪个老师，孩子的成绩会提升几个等级时，我的心就很乱。每每抬头看到妻子的目光，我就觉得我这个贫穷的丈夫就像是个罪人，立马会把头低下。总之，一句话，我感觉自己快要疯了。

西方人把孩子看作上帝赐予的礼物，至少不把孩子当作所有物。可是，对我们来说，孩子依然是我们的所有物，是我们的分身。

在我们国家，父母和孩子之间，控制与放任之间，很难找到一个合适的度，减少父母与子女之间产生的矛盾。所以说，你能放任孩子不管不顾吗？坦白地说，我没有信心。

过分的期待反而会成为毒药。因为有期待，就希望他们朝着你希望的方向前进。我也一样，晚上睡不好觉，第二天什么都做不了。可是，看到孩子们熬夜学习，我倒很开心。孩子们犯了错或名次下降，我也无法原谅，因为我的孩子是独一无二的。一个人上什么样的大学决定了其人生的全部，这样根深蒂固的强迫症从幼儿园开始就驱使着我为大学入学考试而努力学习。无论你怎么喊叫“世道变了”，也没有一点儿用，现实就是这样。

学期期末我们系师生聚餐的时候，我们老师和学生们逐渐聊得热闹起来。大家都说出了比较真实的想法。借着酒劲儿，年轻的弟子炮轰国家的教育体制。听到他的言论后，一直沉默的朴老师开口说话了。

“我们的年轻人都很努力，都在为自己的人生目标奋斗。但社会上确实有些现象让人无奈。对自己职业不满的情绪，我们容易理解。你看，华丽光鲜的模特这类行业收入几乎是最高的，医生这种掌握一定技术的算中等。而教师，只能排在后面了。这与个人能力无关，取决于自己选择的人生目标。现在，一个人一生可能要辗转两三个职业。以后想靠着名牌大学的毕业证就谋得一生安逸的机会更少了。不管从事什么职业，只要能在那个领域成为领先者，就比在金絮其外败絮其中的名利场上受到的压力要少一些。就是说，能选择自己喜欢的事做一辈子的人，是世界上最幸福的人了。”这番话震撼了我的心。

无论过去、现在，还是未来，学校都是强迫人学习的地方。只有成绩高于录取分数线5%，才能通过排名进入名牌大学。最后得出的结论还是要继续努力学习。就算世道很艰难，就算邻居家的儿子有出息了，表姐挣了很多钱，他们依然要好好学习。连我自己也在向言必称“学习”的爸爸转变。“在最短的时间取得成功的方法只有学习”，这种想法已经成为永恒的真理。

我也不想做无能的爸爸

在金钱面前，我这个穷爸爸也很自卑，但
还是要挺起腰板过日子，做孩子的榜样

一次，我和西班牙的朋友讨论韩国建筑和西班牙建筑的差异，他们不假思索地说，“韩国的传统建筑像撑开的厚重的雨伞”。韩国建筑的房梁像伞骨一样，上面放置两层椽子，又在房顶铺上厚厚的瓦。在他们眼里，韩式瓦房就像小孩儿初学走路时的脚步一样笨重。

在韩国，父亲这个角色，就像韩国的建筑一样沉重。为了负担家人的生计，父亲总是背负沉重的担子，默默承受。儿子和女儿根本不懂得什么叫辛苦，直到有一天，他们长大以后，那个曾经让他们崇拜的帅气的爸爸突然变了模样，像水彩画一样美丽的家庭生活的幻想也随之破灭了。父亲艰难前行的背影和令人不安的现实，孩子们早晚会清楚地看到这一幕。于是，他们对生活会有更多的期待。

“爸爸，我们什么时候搬到漂亮的楼房里住呀？我是说每次带朋友来家里，心里都觉得不是滋味儿……”

“我们家的车怎么是那样的呢？那谁谁的爸爸开的奔驰可帅了。”

活到这个份儿上，真是太对不起孩子了。这时，我总是逃避，或者装不知道。孩子们，多给爸爸点时间来慢慢满足你们吧！幸好每次妻子都恰当地转移了话题，我才算逃过一劫。不过，无论如何，这些都是无法回避的现实问题。

“爸爸，我不愿意坐我们的旧车。扔大街上估计都没人要了。”

我无言以对，因为孩子们说的是事实。在我这个建筑师看来，世上的一切都在快速地变化着，不能真正改变、停滞不前的人正是我这个无能的爸爸。汽车怎么更新换代那么快呢？刚刚推出的新车很快就被淘汰掉，成了旧车。房子、手机和各种其他消费品又何尝不是如此？

在我的车上，算上我这个司机，一共才4个人，车速却像拉着数百吨货物的旧卡车一样缓慢。只有驾车行驶在人迹罕至的路上，我才感觉轻松些。好处是可以尽情地欣赏沿途的风景。但好景不长，那些伟大的爸爸们开的车以火箭一样的速度超车时，我真是要羞愧死了。

我真真切切地感受到，世上最危险的敌人是你最亲近的人——一起乘车的家人们。不如别人的时候，敌人就更多。特别是儿子和女儿随时发出羡慕别人的感叹声，我只能干忍着！可是想想，我这个爸爸吃力地握着方向盘，在儿子和女儿眼里已经变成一个无能的人，心里真不是滋味。不知什么时候，连妻子也和他们成了一伙儿，步调还很一致。这对我来说简直就是堕入了人间地狱。

哎，我这个不靠谱的爸爸，看到别人开着帅气的高级轿车，也想赞美几句。但有时我也会感叹："我身边的男人好像也没几个混到那份儿上的，那些厉害的人到底是谁，平时都藏在哪儿呢？"所以，偶尔我会想转动人生的方向盘，调整下自己的方向。还好，每当我非常累的时候，总会找到可以为我指点迷津的老师。我心里犯难的时候，就会去拜访他，不过他总是说同样的话："你想转动人生的方向盘的时候还真多……"

被经济危机残忍地推到西班牙留学以后，为了应对变化的世界，我准备了几个对策。作为建筑师，我还是想用自己的专业优势为社会服务。

但是，妻子的想法却与我不同。既然知道要过像修道士一样清贫的生活，当初为什么还要勉强结婚呢？孩子们也有类似的想法！但我还是想把5马力的车当作10马力的车用，所以制订了一个"少挣少花"的规则。这让大家很不爽。在家里，只要我和孩子们的想法稍有不同，妻子就认为我这个不懂事的爸爸在逃避责任。

我从西班牙留学回来以后，干脆不开私家车，乘坐公交车上下班。在大学教课的时候虽然有些不方便，但我坚持背着背包在地铁里看书，只为逃避这个世界。为了和其他人郑重其事地交谈，曾几何时我引用了前辈说过的话："我开着韩国产的BMW，B是Bus的省略语，M是Metro的省略语，W是Walking的省略语。"在这方面，妻子和孩子们的想法还是和我不大一样，指责我这个不懂事的爸爸自己不开车，把私家车放在家里闲置起来，连换车的想法都没有。

看到别人家宽敞的住宅楼，我恨不得把一分钱掰成两半花。留学回来以后过着像修道士一样的生活，我也心不甘情不愿呀。我很认真地按照自己的方式生活。可是，由美国引起的经济危机再一次把我推倒在地。不对，确切地说，是我彻底倒下了。屋漏偏逢连夜雨，心灵的痛苦和身体的痛苦一起攻击我。我曾经有过一次露宿街头的经历，此时又有了那种感受，感觉被逼得都要没活路了。

公司还是不景气，大家都没事可做，可见竞争变得更加激烈了。韩国市场太小，一览无余。首尔市场萎缩，其他地方市场想都不用想，这就是韩国的经济状况。

对我来说，没有办法给家人生活费虽然不是我个人的责任，却像核废料一样让人感到害怕。尤其是要用少得可怜的生活费维持几个月，艰难的生活让人抓狂，不寒而栗。意志薄弱的我几乎就要窒息了，只能默默地等待明天。有时候，就像虽然在路上走着，却发现像前方的桥断了一样，感到无路可走了。当务之急是找一个救生圈帮助自己渡河。即便有淹死的危险，为了渡河，也只有冒险。本来对于中年男人来说，钱应该不再是问题了。但对于没有钱的爸爸来说，要维持家庭开支，就要寻找经济来源。家和不加油就不能转动的旧车没什么两样。

IMF救济贷款到来之前，我从来没有向别人借过钱。当然，那时的情况不比当前，之所以还能一直坚持做建筑师的工作，完全是妻子的功劳，妻子向岳母求助，我们才熬过了那一关。真是幸运啊！我再也没有脸面让妻子去借钱花了。这次我制订了计划，并完全按照计划生活。至少看起来，我一直在有计划地生活。但最终，我还是不得不向朋友和晚辈们伸手求助。像过去母亲每天早上走出家门去借钱一样，我也亲自出去借钱了。如果还没办法还上欠银行的债，我就要出卖自尊心了。这是无能的爸爸不可推卸的责任。

拿起电话，又放下，这样来来回回好几次，我终于鼓足了勇气，背着妻子，深夜在隔壁的房间里悄悄地拨通了秘密电话……不过，妻子好像知道我在做什么似的，端着酒杯走了进来。

“金先生真是变了很多，为了家人，都开始借钱了……”

虽然很想哭，但我还是强忍着笑了。突然想起在一个遥远的国家，流传着这样一个俗语：“手中有粮，心里不慌。”不懂事的爸爸在经济危机面前肩负重担，再一次渡过了难关。

事实上，曾经有数以万计的人们蜂拥到首尔谋生，但现在那样的情形已经很少见了。我没有多么过人的才能，就连平时玩儿扑克都没有赢过钱。我所做的，只是坚持走我自己的路，让别人去说吧。我只知道，把人生的价值看得很重，活在当下，感受到家人的爱，一起渡过最艰难的关口并活下去是最让人高兴的事。

我这个不懂事的爸爸非常清楚钱的力量很强大。可是我知道，就算每周都买乐透彩票，我也不会对未来有更多痴心妄想。即便此刻，儿子和女儿看到了我落魄的样子，但为了不让他们失望，我决定正视自己的不足。我仍然坚信，这段经历是丰富我人生的存折。说不定这也正是我这个不靠谱爸爸和儿女必须经历的人生呢。

追逐名牌大学的人们

名校，永远是家长们追逐的目标，

也是孩子们的负担所在

我曾经和社区的居民一起参加一个叫“首尔之旅”的活动。虽然我曾经在首尔待过四年，但我无论如何都看不惯山下像屏风一样耸立的高楼，似乎要阻挡希望之路和心的旅程一样，让人感到压抑、郁闷。

21世纪的风水宝地是能让子女上重点高中和名牌大学的地方。一直以来，名牌大学改变家族命运，这种信仰把全国人民都捆在教育这艘船上了。哪里有好的学校，哪里就会推倒低矮公寓或联排别墅，重新建起高楼大厦。然后，房地产的价格开始飙升。

无论釜山、公州，还是蔚山，家长们都在寻找全国有名的重点高中，然后送孩子出国留学。女儿的朋友为了进入全州有名的私立高中，早早地就搬来准备参加入学资格考试了。因为女儿的入学问题，我们也去了江原道的某校参加考试。为了孩子以后能考入名牌大学，在选择上哪个高中的择校问题面前，家长们也失去了理智。

我有个同事，也是个建筑师，大家都知道他本来是一个随遇而安的人。一天，他突然来到我家，席间他一直在为自己的身世而叹息。还有一周，他高三的女儿就要高考了，这让他心急如焚，无法专心工作，就好像是他自己要参加考试一样。虽说他自己是首尔大学毕业，去年还不关心高考，如今女儿面临高考时，也感到焦虑不安。到现在为止，我甚至一次也没有当众说过要让女儿考名牌大学之类的话。没想到竟然从这个同事的嘴里说出来，我很吃惊。他坦诚地说："大学入学考试一生只有一次，决定人一辈子的命运，这怎么能不让人感觉有压力呢！"

一个傍晚，在一家音乐餐厅里，一群在首尔大学做交换生的学生问我一些问题。他们想要听听韩国和法国在选拔人才方面的区别。在韩国，孩子们高中一毕业，就被困在大学名校的篱笆墙里。毕业于哪一所大学固然重要，但社会也为那些用自己的能力和热情武装自己的年轻人准备了公正的舞台。因此，想要成为作家却不努力的人是不可能成名的。而法国最让人羡慕的是，他们拥有超越了学派、地缘、血缘的公开、客观地选拔人才的系统。从我那个同事"大学入学考试左右着人生"的话里，完全透露出他担心女儿不能进入名牌大学的心情。

不管是上什么样的大学，还是买哪里的住宅，都存在命运到底由什么决定的因素。不过，现在再也找不到过去所谓的风水宝地的概念了。人们的住所都变成了独立的公寓。住宅是老屋，而公寓就是现代化、数字化的。倘若在过去，这是无法想象的事。只要想想有人在我的头顶上走来走去，心情就会变得很糟糕，还有什么风水可言。当然，这纯粹是东方人的思想在作怪。

以前，人们是不愿意离地面太远的，担心不接地气。所谓风水，其核心是人与大地、风、水、阳光和谐相生的一门哲学。在大地上，大树长得再高也要始终立足于土壤。一旦失去扎根的所在，大树就无法生长了。所以，以前，人们为了保持与地面的亲近，一般的公寓最多五层。

但首尔的公寓楼改变了人们的想法。有人把首尔塔宫作为先锋高层公寓楼高价卖出，说是因为站得越高看得越广阔，所以就越贵。人们都相信住在不能随意打开窗户、像箱子一样密闭的房间里会更有安全感。住宅也变成了像汽车一样要经常升级更新才能盈利的产品。新的聚财风水概念，一下子和楼盘飙升的高度关联起来。

整天生活在高级公寓里，人们像被关在箱子里一样。也许人们会因此变得更加冷漠、更加刻薄。渐渐地，住进去的人越来越多，冷漠的人们越来越多，与此同时，高层公寓也在不断地增加。地理位置、面积大小和楼层高度成了判断风水宝地的新标准。当然，人们还是在向着名牌大学和更高的人生地位奋力奔跑着。

如果“父母”只是一种职业，我想跳槽

父母的心，往往不是担心孩子这儿，
就是操心孩子那儿

我是反战和逆转电影的狂热追随者，但我却祈祷儿子的人生一次也不要发生逆转。我祈祷儿子的人生既不给别人造成伤害，也不受到别人的伤害，可是现实中却不存在这样的人生。身为人父，我的期盼也许是自欺欺人。

儿子和其他的孩子有着不同的想法和行为。学习的时候，学着学着不知哪根筋不对了，手里就会换成历史书，就连睡觉的时候都要放在枕旁。儿子小时候，图书馆里的儿童书籍，他全都读完了。

也不知道从什么时候开始，儿子对历史产生了兴趣。记得儿子读小学的时候，他甚至把《遥远的邻国》这本书的页码都背了下来。后来，不断地扩展到了像《罗马人的故事》《十字军的故事》之类的书。世界史、东西方武器的发展史、海湾战争历史、古朝鲜史等相关书籍都在他的涉猎范围之内。再后来，他开始看《疆土的帝王》《强国的秘密》，等等。

玩游戏的时候也是这样。儿子喜欢玩像“君主游戏”或是“星际争霸”一样争夺虚拟领土的游戏。现在也是，只要一有时间，他就沉浸在网络游戏中，还喜欢画自己想象出来的地图。最近，儿子看起来过分执着。

看到儿子，我突然明白，儿子并非刻意要和别人不一样。妻子觉得儿子像约翰·纳什（电影《美丽心灵》的真实人物，经济学家，患上了不能区分现实和理想的精神病的天才），就叫儿子“金·纳什”。

我一直坚持认为，人要拥有自己独特的想象力和对未来的梦想。可是此刻却偷偷地担心起儿子的未来了。这种担心让我感到很累。偶尔，我会想，如果父母只是世界上若干职业中的一种，我想我会跳槽。在这个世界上，总是不停担心这个、操心那个地活着的人就是父母。

如果我用这颗无知的心参加父母资格考试，一定会名落孙山。我虽然表面上没说，但心里还是虔诚地期盼孩子们能考上不让我丢人的大学。这应该是世界上所有父母的共同心愿吧。又会有哪一个父母会和我的想法不同呢?

因为儿子与别人走的路不一样，所以我会担心他。如果金汤匙掉进了深水里，激起了水波，一开始是很难看清楚掉到哪里的，必须等一会儿才能确定。水平静时，水底的动向就都能看清楚了。观察孩子的发展方向也是一样，但此时的等待，就像严冬一样漫长。

我一直觉得失败都是别人家孩子的事情，盲目地相信自己的儿子一定会成功，而且从未动摇过这个信念。为了让儿子不蹉跎人生，在他面临高考之际，我自然焦躁不安，对儿子的期望也越来越高。心想，就算十人中只有一个人能成功，那个成功的人就应该是我的儿子。

因为这种过分的贪婪，不得不和儿子展开心理战。任何一个考生的父母，都不愿意看到孩子们在考前依然贪玩的样子。我想像开关水龙头一样，控制孩子的休息时间，希望儿子像安静产奶的奶牛一样，能按部就班地复习功课。妻子就像个狱警巡查被关在牢房里的犯人一样，不停地关注着儿子。如果不制订个像节食计划一样详细的学习清单，我就会很担心。这真是奇怪的现象——把孩子困在像厩舍一样狭窄的房间里，像用科学技术饲养动物一样，对待即将参加高考的儿子。

在战场上，生存的法则是什么呢？首先就是要活下来。我面对的现实就是，哪怕是苟且地活着，也要把儿子和女儿送进好的大学。身边的人都把孩子送到国外留学了，我最尊重的一位前辈最终也这么干了。我真不忍心看到自己的孩子心神不定的样子，这样下去，在孩子的教育问题上是没有未来的。这就是现实，实实在在的战场。

一年四季，我都在给孩子们吃维生素和营养品，各种各样的补品和保健品，只盼他们的成绩能上升。比疯牛病更可怕的疾病说不定已经在孩子们身上潜伏着呢。孩子们在草原上自由自在奔跑的时间消失了。在进入所谓大学的乐园之前，我也只能在梦里替他们想想了。

月圆则亏，孩子们的压力过大，恐怕就会有危险，床成了他们示威的场所，孩子们大声喊着："头好疼啊，今天不能去学校了！"

企业里劳资双方对立的情景，在家里发生了。只顾投资的父母是经营者，儿子变成了站在生产一线的劳动者，无可厚非，儿子被培养成了知识型劳动者。衣食无忧的孩子们在父母茫然的期待中总是占据可以协商的优势。结果，父母提供物质上的补偿才结束了孩子的抗议。

孩子们对父母的心思了如指掌，他们知道无论给他们多少物质上的补偿，学校的课都不能缺席；他们也很清楚，纵然有睡觉玩耍的时间，也不可能从学校逃出来。父母就是父母，比起选择让人不安的自由，他们更期待形式上的安全感。不知怎么回事，有时妻子竟然站在孩子一边，虎视眈眈地看着我，比受气的小媳妇还要恐怖。

别无选择，高考几乎成了人生的全部。高三考生的生活状态毫无例外地适用于所有学生。而且这种高压下的备考，几乎连累了全家人，都沉浸在一种压抑的气氛中。在21世纪这个高度文明的时代，我们正在观看一部反映教育体制问题的连续剧。

在还不知道该怎样设计房子的时候，我只是漫无目的地画画。一旦抓住了一点儿灵感，我就不会随意画了，担心下一步的设计出问题。完全不了解构造和细节时，可以充分发挥想象力；相反，如果有了适当的了解，反而会折断想象力的翅膀，因为会突然感到害怕。此时最需要的是，有不折断想象力翅膀的勇气。

出生于苏联的伟大的美国建筑大师路易斯·康，在建房子之前先问砖头："你想成为什么呢？"砖头不过是一块小的长方体而已，可是这个砖头却在想象力的作用下，被洞察了其可塑性，瞬间获得新生，一小块砖头成为美丽宫殿的一部分实现了它的自身价值。

儿子的人生也是如此。儿子以与我不同时代的新价值观轻装上阵，过着属于他自己的生活。他想要做什么，成为什么样的人，梦想着过什么样的人生，有什么样的潜力，值得用智慧的眼光去观察。我想，孩子的人生，一定会因神奇的想象力，绽放出自己的光芒。

向江南地区的爸爸看齐

我这个不懂事的爸爸，为了不躺着中枪，
只好默不作声，假装漠不关心

儿子一升入初三，妻子就拿出她藏好久的补习班学员卡给儿子。女儿刚上初一，但她的学习成绩进步相当快。在女儿的成绩突飞猛进面前，爸爸的志向也变得小了。女儿以全校排名为目标，与此相比，儿子在班级里成绩排名中等偏上，这让他感到很羞愧，无地自容。原来只在学校里发生的竞争，不知从什么时候开始，终于转移到了家里。化解儿子和女儿之间的危机成了件棘手的事，妻子突然间也变成了政治家，在他们俩之间斡旋。

妻子一向以儿子成绩作为自己的评判标准，突然因为女儿的优异成绩，自己的身价变得不一样了。从女儿的成绩看，妻子的教育水准几乎在向大峙洞（首尔江南区，韩国第一富人区）的标准看齐了。在和江南妈妈的经验交流中，妻子受益颇多，也明显感觉到教养理念发生着变化。但我也突然发现，妻子看儿子的眼神变得和以前不一样了。

在韩国，家庭的支柱一直是丈夫，特别是在过去，丈夫因为是家里挣钱的机器而受到尊重。然而现在，得到尊重成了痴心妄想了。像朴智成一样的超级明星到处都有，而我这样没出息的男人连个名片都没有。

权势、社会地位和调动各种社会资源的能力，无论如何都是和金钱、学历相关联的。当上检察官、教授、医生、高职位公务员的人，才是有能力的。我只能进企业，做一个整天唉声叹气的建筑师，应对整个家庭的事情，真是心有余而力不足。而妻子，则把所有的时间都倾注在孩子身上，以期待挤入江南妈妈的队伍。

妻子从各种交流中收获甚丰，好像找到了改变孩子命运的方法。但是我很清楚，其实她依然没有什么具体的办法，只是适时地在后面观察。但这不影响妻子的手机像业务员的电话一样，时不时地响起——不知从什么时候开始，妻子已经到了给别的家长提供建议的水平了。

四五十岁的男人们挣了钱都贡献给家里，自己只能用炮弹酒来解闷儿。周末他们也只有向高尔夫球场张望的份儿。丈夫搜集信息的能力和经济能力一样，都停留在上一个时代。而妻子正在武装自己，从硬件到软件，以全新的头脑应对着各种有谱没谱的政策信息。升级电脑、手机等信息设备，对于不富裕的人来说需要花更多的钱。我这个不能挣钱的丈夫，连这些都实现不了，真是差得要命。

参加大学入学考试的考生，个个都很优秀，真是应了那句话——“人外有人，天外有天”。就如无论门关得多紧，总是会有看不见的缝隙，房间里依然到处落满灰尘。政府酝酿出台的教育政策对于像鬣狗一样嗅着味道冲上去的江南妈妈来说，都毫无新意。不管出台什么样的政策，这些江南妈妈们都会吵吵嚷嚷议论一阵，如同八卦艺人的绯闻一样。在话题被渐渐淡忘后，江南妈妈们才会寻找新的热点，重新武装上阵。

只有具备了聪明母亲的搜集信息的能力，加上踏实父亲的坚实后盾，有能力的爷爷的经济赞助，才能把孩子送进所谓的名牌大学。我只不过是个不靠谱的爸爸，竟不知道是该笑还是该哭。妻子搜集信息的能力与日俱增，自不必说；老丈人和丈母娘恰如其分地扮演有能力的爷爷，紧紧抓住向着全校排名冲刺的外孙女，似乎有要把养老的钱都掏出来的架势。他们承诺这次如果外孙女取得第一名，想要什么就给她什么。这种情况也可以理解，因为最近老人们最热的话题就是，谁家的孙子考上哪个大学了，谁考试通过了，谁家的孩子当上医生或是成为大学教授了。

爷爷奶奶牵着孙子孙女的手去公园散步，还给孩子们零花钱买好吃的。这一代爷爷奶奶，都经历了分外艰苦的人生，他们经历过战争和贫困，错过了照料自己孩子的时间。现在有了钱和时间，便开始补年轻时的功课，他们把那期间对自己孩子教育的能量都用在孙子孙女身上了。特别是外孙女的学习成绩优秀，考上名牌大学也是很有希望的，只要一有时间，外公外婆就会带着她外出购物，满足她的要求。

我周末一早就要做女儿的司机，送她去学校。然后，在漆黑的夜晚再到学校，把车子停好以后等待女儿放学。在屋顶招牌的霓虹灯和汽车大灯的照射下，就好像是到了另外一个世界。我这个细心的爸爸特意把车停在远处，然后给女儿发短信说：

“爸爸就在XX建筑物旁边的小胡同里。”

以咀嚼文字见长的女儿竟然不给我回复。

于是我心急如焚，终于忍不住给妻子打了电话。妻子以短短的回答“再等等，会过去找你的”结束了通话。我想女儿会为爸爸来接她而感到高兴，可是也担心同学们看到爸爸的旧车而感到丢人吧。晚上开出来的车一个个都比我们的车高档。虽然有些是个头不大的小车，却是清一色的外国进口车。女儿满脸不高兴地走过来，上了车，把头倚在车窗旁，闭着眼睛，一句话也不说。我这个没眼力见儿的爸爸想要逗女儿开心，就讲了一个已经过时的笑话，可是女儿却这样说道：

“爸爸，在学校里我就够筋疲力尽的了，现在没有开玩笑的心情。”

我这个不懂事的爸爸，就这样挨了一枪。

爸爸天生孤独

即使看妻子的眼色行事，琢磨孩子们的话，
还是会被他们孤立

儿子和女儿偶尔会和妻子一个鼻孔出气，把难以满足他们要求的可怜爸爸作为攻击对象。

“我们的爸爸虽然外表看起来体面，但在经济上完全是个困难户。”

此刻，我自然是闷闷不乐。我的孩子依据爸爸丰富的阅历，大体上能够了解爸爸的社会地位，但终归爸爸还是没有经济实力。虽然爸爸是大学里的兼任教授和审议委员，做各种讲座，还频繁地参加建筑文化研究院的活动，但最终还是太过穷酸，以至于家里总是拮据。这次妻子还火上浇油地说：

“你们的爸爸还曾经用家里的生活费，像大少爷一样待在西班牙过流浪的生活呢。”

可以说，这时的爸爸和被孤立的人没什么两样。不知不觉，不明原因地，孤独感就涌上心头，我这个爸爸不仅常常惹他们讨厌，还被当作局外人。儿子和女儿在饭桌前聊天，我插句话吧，但和他们说的又根本不搭边儿，反而遭到了嘲笑。偶尔听懂了几句，虽然参与了进去，但这样一起聊天还是感到自己和他们很疏远，有隔阂。

虽说是由四个人组成的家庭，可是我这个爸爸却总是没法与他们三个人合上拍子。哎！我这个没眼力见儿的爸爸，总是让他们捧腹大笑，或是打乱大家谈话的节奏。由于我不怎么看电视剧，所以无法听懂他们说的话，或因不知最流行的歌而遭到他们排挤。

即使这样，我知道妻子内心一直和我是一伙儿的。不过，妻子偶尔与孩子们站在一起，我还是会感到伤心。家人像沙粒一样聚聚散散，还不如灰尘有凝聚力。由于我这个爸爸囊中羞涩，孩子们无论如何都高兴不起来，在学校里总是抬不起头。他们因此唉声叹气的时候，我总是束手无策。我这个爸爸始终无法理解，大家都在为什么目标而忙碌?

曾经，有单身的同事突然向其他人请教：“该什么时候结婚好呢？”我想都没想几乎是条件反射一样地回答：“当你能感受到落花时的伤感，再结婚吧。”我不禁感叹道，要是一生都能像火一样热烈有激情地生活，该多好啊！遗憾的是，没有那么好的事。很多人觉得，穿越沙漠是快乐的，可是没有一个人能在没有水的沙漠里生活一辈子。

过去，我的爷爷和父亲，在家里是有地位的，他们可以在厢房里读书，并将烟灰弹得啪啪作响。可是现在，这是根本不可能的事。如今，我这个爸爸不得不围着家人转悠，为了成为家庭里真正的一员，需要使出吃奶的力气。我得看妻子的眼色，理解孩子们所说的话，如同靠翻英语词典来与人沟通一样困难。为了能正确地理解孩子们的话，我努力尝试过。要是不能立即参与话题，就无法融入他们的团队，这真是让我发疯发狂的事。这让我想起45岁在西班牙留学时，克服重重困难才勉强跟上课程的情景，不经意间后背满是冷汗。

最近，我是彻底听不懂青少年的流行语了。就算能像他们那样说出流行语，我还是没办法参与孩子们关于最新流行歌词的讨论中。以前那种在饭桌前对孩子们进行教育的典范模式，现在已经过时了。但就算能和他们一起说些流行词，孩子们还是爱理不理的样子。不过，有一点儿是可以肯定的，那就是我这个爸爸落魄了，孩子们看起来就高兴了。不对，似乎妻子更高兴了。

为了能在孩子们周围转悠，看懂他们的眼色和听懂他们的话，我勉强地努力着。在家庭中，爸爸到底算是什么呢？就算是一摇一晃地迈着笨拙的脚步，也要和家人一起前行下去。为了不扫孩子们的兴，我扔掉了自尊心。为了家庭的和谐，无论是在职场上还是在家里都一样，需要极大的忍耐力。这是我这个不懂事的爸爸活着的唯一出路。于是，我偶尔会感到孤独，就这样孤独地活着。

人为什么越活越累，越活越厌烦呢？到底这是为什么？仅仅因为经济危机，到处都能听到有公司倒闭的消息？曾经有位国企高管，经常高调承诺要请大家喝酒，最近却开始讨厌参加聚会了，最后因为企业的衰退，无法再像以前那么风光，干脆从大家的交际圈消失。

无论怎么努力，每次依然是原地不动，更别提以后的发展了。稍微有点儿失误，就会无情地被抛到后面，这个世界真是让人厌恶至极。不只是儿子要在学校里取得第一名，我也得立足于社会才行，一想到无法摆脱这种命运，我就战战兢兢的。

小时候，我就知道五十多岁是人生的休闲期。可是现在，我肩负着人生最沉重的责任，却走在人生的下坡路上。就像带着孩子爬山，因为要在山顶舒舒服服地坐着休息，不敢在半山腰停留太久。休息一会儿，就又要随着人群向山顶移动脚步，享受喜悦和浪漫。等到了山顶，欣赏美景，也休息差不多了，又要原路返回，开始下山。下山时要特别小心以防摔倒。我恰恰害怕在人生的下坡路上摔跟头。

即使我不能给儿子和女儿当一个好爸爸，但至少我不能阻碍孩子们的前程，想到这些我不禁泪流满面。在下山的路上，我的腿没力气了，一直在颤抖，害怕伤到抱着的儿子和女儿，我小心翼翼地移动着脚步。

为了避开挡住山路的石头堆和树枝，我汗流浃背。下了山，又要忙着开车回家，我几乎要虚脱了，吃力地扭转方向盘。此刻，我明白了这就是人生。人生在世，跌宕起伏，直到被逼得要掉队了，我还是要有活力地活下去，因为我背负着孩子们未来美丽的梦。

我偶尔也想离家出走

对于一个没有勇气的人来说，
即使离家出走，也无处可去

我很清楚男人们为什么会被高尔夫球吸引；清楚男人们为什么放下沉重的担子，去酒馆把女人廉价的安慰当作下酒菜；清楚男人们为什么在身心疲惫的时候，会去找一个像母亲的子宫一样舒服的属于自己的地方……我非常清楚这些。

因为书稿的问题，我受到了出版社总编辑非常刻薄的批评。我强忍着一月份的寒气，冒着冰冷的雨，朝着南汉山城方向跑去。

那是一个冬天雨后的下午，我被弥漫的雾气包围了。我慢慢地上了斜坡。我喜欢南汉山城的理由是，在垂直上升的同时还能水平移动。我非常喜欢到达山顶时出现的耳鸣。突然垂直上升，肉体上感受到压力的瞬间，就好像在告诉我来到了一个新的世界。

逃到南汉山城也是我无数次想要离家出走之际，好不容易找到的秘密之所。不想去喝酒，因为到了酒馆，把可怜的朋友叫出来互相安慰，其实说的都是些空话，没什么意义。

被困在套子里的中年男人逃也逃不远。就像被关在动物园里的动物，过一段时间就会发现进入丛林也是很可怕的。我知道勇气是需要练习的，如同每天不运动的人无法一下子爬高山一样。从来没有勇气离家出走的人，突然有一天离家出走，却发现没有地方可去。

以前，只要有时间，我就看着地图选择离家出走要去的地方，幻想着乘坐晚上的京釜线，思绪盲目地向着时间的反方向飞奔。幻想着和流浪者们结成一队，飞奔的火车载着自己远离熟悉的世界，享受无限的自由。但是，对于上了年纪的男人们来说，自由是不可能的。事实上，我被太多的枷锁紧紧地束缚着。

我有过像旅行一样在夜路上奔跑的经历。但是，为了我自己的幸福，像那样在没有尽头的浪漫夜路上奔跑的记忆却不多，更多的是像履行义务一样度过暑假的回忆。我早已习惯了现在的日常生活，像行驶在地铁2号线上一样，毫无兴致地、默默无语地看着前方。

我已经很久不能随心所欲地刷信用卡了。我刚刷过信用卡，账单明细就迅速地被发送到我的手机上。这就是我们生活的时代。

然而，爸爸也需要那样的一天。晚上睡不着的时候，如果我没法开心起来，也很想在像母亲的子宫一样舒服的地方好好休息休息，让自己放松下来。我想离家出走，去一个没有人的地方。很不幸，在21世纪的文明社会里，贫困的家长想改变生活状态的办法却不怎么多。

到达南汉山城以后，我像把鞋放在鞋架子上一样小心翼翼地把车停好，然后以缓慢的脚步向自己的秘密之所走去，好不容易找到早已破旧的教堂。对，那是我的居所。沉沉的黑暗就像能判断出我疲惫的灵魂一样，远处那些明亮的地方让人感到很熟悉、很舒服。

面向亮光，我坐在那里默默无声。更坦率地说，其实我之所以来到这里是想追问上帝一些事情。不知何时，为了唤醒渐渐殆尽的热情，我使出了吃奶的力气。我慢慢地整理了不满和不安的情绪，还像小孩子似的跟上帝哭闹了一番。

上帝啊，这是不是太过分了呀？到了这个地步，还不够吗？我宣泄了自己的愤怒之情。稍过片刻，黑暗中可怕又庄重的声音真是让人刻骨铭心：

“你真的知道你的孩子是谁吗？你是我的伟大作品。在信我之前，首先相信你的孩子们吧！”

上帝的话抓住了我的心。心灵疲惫的时候，黑暗反而更让人感到舒服和快乐。此时，在黑暗中肉体好像消失了一样，灵魂就像星星一样，留下一个点在空中飞来飞去。我不是一个虔诚的信徒，可是，在无法忍受孤独和痛苦的时候，我都会走进灵魂的居所，把我所有的怒气都发泄出来。这是属于我自己的小教堂。

随着时间的流逝，黑暗渐渐消失，我慢慢地恢复了意识，周边的物体也渐渐地靠近了。疲倦的心一点一点地舒展开，找回了生的弹力，有了重生的力量。人生找到了新的位置，变得坚强的我再一次呐喊：“好吧，再尝试一次，下次漂亮地离家出走吧。与其看这样那样的眼色和采取中立的态度，不如相信自己，堂堂正正地离家出走吧。现在，回家吧。家里还有妻子和孩子们在等着你呢！”

Chapter 3
不和孩子大喊大叫

小女儿悄悄地给我盖上被子
我却故意打鼾
正是用那双手埋葬了我的父亲
我也会被那样埋葬吗
——郑哲勋，《父亲的脊背》

儿子的成绩单，让人惴惴不安

面临升学考试的压力，家人成了彼此的负担，
家里、学校都成了战场，到处充满火药味

随着年龄的增长，我与儿子之间的关系也在慢慢变化着，似乎本来旱涝保收的孩子们的人生也出现了旱灾。时间无情地追赶着我和儿子的生活，孩子背着比爸爸更沉重的包袱，在充满竞争的队伍里奔跑着，生活中没有一点儿喘息的机会。

孩子上初一的时候，我还漠不关心地向邻居家张望，看人家忙忙碌碌的样子。刚升入初二，家里就像门前掉下了定时炸弹一样，让人感到恐慌。到了初三，客厅里总是开着灯，彻夜通明。

对于忙忙碌碌的家人来说，我根本没有为未来做准备的时间，没参加过高考的人是无法理解的。正如没结过婚的人无法体会比辣椒还要辣的小媳妇的滋味儿一样……

大概是因为孩子的自尊心，出人意料的成绩单使父母和孩子之间的关系疏远了。如此看来，那些说结果并不重要的人都是在说谎。目标越是高远，现实越是让人感到孤独。儿子偏偏每天只知道钻进属于自己的小天地里看历史书。我和妻子一忍再忍，终于还是因为不断升级的矛盾，把原本和谐的家庭变成了阿修罗场（介于神界、鬼界、人间的地方）。

往日和谐的家庭氛围消失得无影无踪了。我的生活如此不如人意，所以担心孩子会原原本本地继承我的生活。为了避免这种事情发生，我就活生生地把孩子逼上了绝路，以所谓爱的名义虐待儿子的悲剧就这样上演了。尽管如此，儿子依然喜欢将历史书堆得满满的，这种沉迷让他本来看书非常投入的样子看起来也不再那么美好了。儿子的成绩令人不安，也伤了我的自尊心。现如今，家人成了彼此的负担。

如果是物品，厂长对样机的性能感到不满意，可以加以改进，这是理所当然的事情。可是，对于育儿这件事，对方不是物品，而是孩子，这样做是不是太残酷了？女儿和儿子截然不同，她似乎天生就会学习，像训练有素的军人一样按部就班地完成任务。她看起来比实际年龄早熟，已经长成亭亭玉立的大姑娘了，即使在压力极大的特别训练中，也能稳若泰山地度过。此外，女儿还为自己的天生丽质而感到自豪。虽然，外婆根深蒂固的重男轻女的思想曾经无意中伤了女儿的心，但女儿反而更加坚强，用知识充实自己。

聪明的女儿和愚钝的儿子形成了鲜明的对比。明明是大学入学考试的制度给儿子带来的伤害，在家里女儿反倒成了加害者。儿子生活在女儿的阴影下，伤心地躺在床上。比起成绩，其他任何人、事、物都变得毫无分量。最近，连学校的模拟考试都非常激烈。

“想坐二手车还是想坐豪华轿车？”

“只要再学习5分钟……”

“今天流的口水，会变成明天的泪水。”

太过分了！教室又不是什么战场！现在，教室竟然变成了战场。而在家里，就更没有和平主义者的立足之地了。

人一生的幸福不是以成绩的好坏来衡量的。越是这样说，反而越表明了“我儿子学习不好”的姿态。每当我无法坦然地面对现实的时候，父亲总会这样望着我说：

“你这家伙，不要那样管我的孙子了，别太冷酷了！”

给儿子找一所适合他的学校

每次面临升学择校，哪个父母不纠结，
我还要负责不断鼓励儿子

到了初三，儿子在补习班上课的时间倍增。如果在学校上的是选修课，那么在补习班上的课就是必修课。正如孩子自己说的一样，学校的老师当然比不上补习班老师卖力、负责任。虽然，孩子们已经显露出自己擅长和喜欢的课，学不好的和讨厌的课，可是现在培养孩子个性的时间剩得不多了。学校的生活既不能培养特别的兴趣，也不能好好地交朋友。自尊心很强的孩子已被所谓的成绩套牢，并且深受其害。想要轻轻松松地学习就要去国外留学，选择自己感兴趣的领域，可现在看来这却又是个奢望。

如果儿子的成绩能在班里排名中等，那都是值得庆幸的事了。儿子的数学、社会科学、语文成绩一直处于上游。真希望儿子能把英语成绩稍微再提高一些。可是这对于儿子来说是难上加难，因为他觉得背单词对他来说比死还难受，真是让我束手无策。为什么儿子那么讨厌不需理解只需单纯背诵的科目呢？喜欢读书的儿子唯一不喜欢读的就是英语书。儿子总是偏科，酷爱与历史相关的书。我不是不懂儿子受伤的心，也觉得总是剥夺他自己的爱好很残忍，为此我心里也不是滋味。

家长们共同的毛病，就是都相信自己的孩子是独一无二的。一直喊着支持素质教育的朋友们最后还是把孩子送到美国、加拿大上学去了。我周围的朋友要么把孩子都送到国外留学，要么根据自家的经济条件只把一个孩子送出去。为自己的孩子是否要留学做出选择的时间，离我越来越近。不管我多么积极乐观地思考儿子的现状，得出的结论都是儿子考入首都圈的大学是非常费力的。一想到这些，我就不禁想要逃避。

我曾留学归来，我也曾自尊心很强。现在，为了更全面、更准确地分析儿子的能力，我还是来回奔波于在能力检测方面做得好的机构和学院之间，虽然不知道这种客观的测评指标能不能判断出儿子学业成功的能力，但其目的只有一个，那就是想知道儿子能不能进入名牌大学。虽然我隐藏本意，拐弯抹角，但还是被对方看出了我的心思。我这才明白，不知道有多少父母像我们夫妇一样在为孩子们的前程奔波。

初三的暑假一到，我们夫妇就开始考虑儿子的前途。面对妻子的不满，我无话可说，只好听从于妻子。不管以什么样的方式我都要鼓励儿子，承担起父亲的责任。我想借在西班牙留学的事找回我的自尊心，可是妻子总是揭我的老底，害得我赔了夫人又折兵。

从儿子上小学开始，我就没有对他进行过家庭教育。理由很简单，我以为“人可以自学”。后来我承认这是浅薄的错误，我无法逃避责任。不管发生什么事，我都会对此负责任。无论发生什么事，男人们都应积极响应教育问题。

儿子上初三的时候，问题不可避免地出现了。无论我怎样后悔也无济于事，真让我喘不过气来。不是没有答案，而是因为讨厌承认那个答案。无论如何，我感觉儿子要考入普通高中都是很难的。基础千差万别的学生们在同一个教室里上课的环境本身就不适合儿子。实际上，儿子读的中学的授课方式和环境比我想象的更糟糕。玩要的时间，还不如说是孩子们互相拉扯碰撞、追逐打闹的动作更贴切些。

即便总统责难僵化的教育体制弊端，也只是白费唇舌罢了。我们又能怎样？都火烧眉毛了，我的心情和任何一个父母都是一样的吧？我一下子想起那句“口干舌燥的时候，才想起来挖井”的老话。

我亲眼看到只有10%的学生能进入大学考试的考场，这使我不得不想到了留学。我在网上反反复复地找美国、加拿大、澳大利亚、新加坡、新西兰、泰国、印度、马来西亚、爱尔兰等国家的留学信息。可是，儿子那不像样的英语又成了问题，至此烦恼就变得越来越多了。

我通过分析比较了一下全世界各个国家的教育制度，好不容易又把目光转移到了国内。那么多的科目，就算是为了考试，我也不会再逼儿子去读两个补习班了。

作为爸爸，至少我对儿子的情况还是很了解的，哪怕考到重点高中30%的成绩都是天方夜谭，那就只能选择职业高中了。我们夫妻俩忧心忡忡地向儿子建议。儿子接受了，他也很清楚勇于面对现实最重要。

爸爸的超现实主义

为了孩子的幸福，做个理性的爸爸，

才能为儿子的人生做抉择

只有在接受IMF救济贷款、日常生活陷入困境的时候，才能懂得有工作能赚钱多么重要。度过艰难的岁月，向前走虽然很艰幸，但也可以说这是我人生中的一个转机，所以，我下决心寻找新的出路。我想要和孩子们一起聊聊天，一起打滚儿，在所谓的家庭温室里治愈我疲惫的内心。儿子刚出生的时候，他那哭声代表着希望和欢喜。对我这个身心疲惫的男人来说，虽不知道这是礼物还是考验，但可以确定的是，从那天开始，我当了爸爸。

关于我人生的下一站，我就不详细说明了。55岁，一路走来，我知道自己处在什么样的年纪。以后，剩下的人生路不再是爬坡了。在通往成功的道路上，我想走走捷径，却没能抓住超越别人的机会。我有心走别人不走的羊肠小道，结果还是忍不住偷偷地向四周张望。难道是在怀念往昔风风光光成功的滋味吗?

最近，我祈祷儿子的人生不要总是朝着同一个方向前进。让儿子在学校里无拘无束地学习的想法非常迫切。比起形式，内容更重要；比起结果，过程更重要；比起无情的目标，快乐的生活更重要。所以，我真希望儿子能够明白这些道理。

在韩国，对于我们这些家长来说，没有比教育更热的话题了。比起垂钓者错过的鱼和高尔夫球员们的球飞出的距离，更有趣的话题就是孩子们的大学入学考试。别人的故事成了我的故事，我的故事马上又成了别人的故事。大家都在做着大学入学考试这个游戏，世上再没有比这个更能引起强烈关注的游戏了。把生活的一切重心都放在孩子身上的人只有父母了，用自己全部财产做赌注的也只有大学入学考试之战了。

为了孩子的幸福，心甘情愿做孤立无援的单身汉的，也只有韩国的爸爸。一天，我突然明白自己是这个故事中的主人公，所有的一切都变成了现实。

令我这个爸爸没想到的是，真正了解孩子竟是那么难。能够调整爸爸的超现实主义的人只有儿子。我不自信能像已故的父亲那样，让儿子走自己的路、过自己的生活。所以，我也想像已故的父亲，把梦到的魔法般的学校送给儿子做礼物。就算是妄想，我也决定今天晚上做这个梦，说不定孩子会很开心呢。不是为了做父母的自尊心，而是为了给儿子选择一个能让他树立自尊心的高中。哎，怎么就那么难呢？

儿子的特点：

★对于一件自己不理解的事情，绝对不会被迫去做

★慢热型，像传统韩屋的地板一样，烧热需要很长时间

★喜欢做的事，就算是有损自尊心，也会去做

★只要是历史书，就会私自藏起来读

★绝不三心二意

★即便是读10遍《罗马人的故事》，也会认真地再次梳理其中的内容

★不能提高不理解的英语水平

★只吃喜欢的食物

★学习讨厌的科目的时候，浑身都不自在

★一个科目结束，不能马上进入另外一个科目

★只要无休止地讲历史故事，就会感到很过瘾

★有像牛一样反刍的爱好

★被认定为特别的学生的时候，会更加努力学习

★最讨厌自己的行为受到妨碍

给儿子开的处方：

★就算是死，也要做自己喜欢的事

★把自尊心看得比天还高

★只用自己的方法应对考试

★背着包袱，尽最大可能走到最后

★宁为鸡头，不为凤尾

★找到有秩序的学校

终于，孩子在学习自己喜欢内容的同时，还开心地做了有魔法的霍格沃兹（J.K.罗琳著的《哈利·波特》系列中的魔法学校）。我们夫妇俩坚持把孩子送到计算机专业学校。我也曾担心，我眼中的魔法般的学校对儿子来说是否适合。但从后来的实际情况看，还真得感谢儿子能接受转学。

儿子的背叛

儿子离家出走惹怒了老婆大人，我这个
不懂事的爸爸却暗自高兴

想当初妻子怀孕后，肚子像圆月一样一点点地升起，夫妻间的浪漫也就消失了。孩子把爸爸推到了第二位。现在，一切的重心都围绕儿子转。性感的妻子突然间变成了妈妈，露出曲线美的晚礼服换成了又圆又宽的四角睡衣。那天以后，我由充满魅力的雄蜂变成了残忍的工蜂。孩子的体味挤走了妻子的体味。从那天开始，我不仅要看妻子的眼色，连孩子的喃喃自语也要观察。那天，我的新婚就落幕了。这讨厌的家伙……

岁月匆匆，不知不觉天真烂漫的小孩长到了要参加大学入学考试的年龄。儿子的房门不知从什么时候开始不能随意打开了。有时候，我真想把儿子的房门换成玻璃的，或者在他的房间里装上监控器。他关上房门，在房间里扑哧扑哧地笑，妻子听到儿子的笑声快要发疯了。终于，她忍不住拿钥匙打开房门强行闯入镇压，儿子则顽强地抵抗堵住房门，和妻子对着干。两个人一进一退的，妻子好不容易进了房间，把怨气都发泄了出来。那只是个小动作而已，妻子开始在客厅里巡查，就像社区治安协管员的小队长似的。

绷得紧紧的橡皮筋总是会断的。儿子认为在家里总是受到严厉的看管，终于有一天从学校逃向汉江方向。晚上，学校里的老师给家里打来了电话，儿子的手机也关机了。我到家的时候，妻子已经是半死的状态，正气呼呼地消化着背叛感。

这时，作为男人，我稍微舒服了一点儿，表面上虽然同情她，但心里忍不住暗暗得意。我年轻的时候也曾消极怠工过，天气炎热的时候也曾烦躁过。所以，听到儿子离家出走的事后，我很坦然，就算不成熟的儿子离家出走，也逃不出大人的手掌心。

儿子虽然有点像脱了缰的野马，但过了凌晨一点还是自己回了家，然后把头靠在墙上，因为受了伤流了血，连新买的手机也弄丢了，一副因为做错事，想要体罚自己的样子。家养的兔子跑到野地里去不是那么容易就能适应的。正如我们把失去野性的老虎放回山林它们无法生存一样，孩子因短时间的离家出走受到了教训，才回到家里。可怜的家伙……

儿子的高一生活发生了与初三无法比拟的巨大变化。一句话，生活的环境发生了变化。早晨起来，他就想着要成为英雄，并且非常自信。初中时那个讨厌上学的儿子现在已经不见了。所谓的幸福的含义到底是什么？看着儿子，我明白了。自己的存在受到了肯定的男人的心情，不管是高中生还是五十多岁的大叔都是一样的。昨日还很温顺的儿子，现在却变成了能顶嘴的儿子。虽然我感觉有点儿压力，但是家里又多了个男子汉，心里也更加踏实了。

拿到新学期期中考试的成绩单，似乎儿子自己都不敢相信。对自己周围环境的变化，儿子反而晕头转向了。尽管如此，儿子还是抑制不住内心的高兴。这才是我儿子的样子，我等待这个瞬间不知道已经等了多久。

“祝贺你！还是我儿子最棒！”

儿子终于取得了100分的好成绩，我忍不住最后说了一句。

“你现在是人文高中的学生了，千万不要放松学习。”

在一旁的女儿对那段时间哥哥不可一世的样子感到火冒三丈，扔来了冷言冷语：

“终于争气了，在落后的高中竟然取得第一名呀！”

妻子看到这样糟糕的场面，狠狠地瞪着我。对未来的不安吞噬着现在的幸福感。看到儿子不同凡响的样子，我既高兴又担心。宁为鸡头，不为凤尾。现在，在这种情况下，做这样的决定实在让人忐忑不安。我该怎样解释呢？我是指，现在的情况和当前成长为世界十大经济大国的韩国一样，依然无法摆脱自卑感。

大学入学考试的阴影太大，因为韩国永远只接收第一名和SKY大学毕业的学生。家里有考生的父母的心情都是这样的吗？正想着，“哐”的一声门响吞掉了儿子的影子。儿子和爸爸之间最短的沟通之门被紧紧地关上了。那天的庆祝就这样结束了。

男人之间的沟通到此为止。我扔掉在家里作为爸爸的身段，表现得这样不懂事。站在空空荡荡的客厅里，我在想，踢了乌龙球的心情也是这样的吗？一瞬间的惨状让我开始后悔，但我感觉儿子上名牌大学还是有一点儿希望的。值得感谢的家伙……

富养女儿，穷养儿子

面对女儿的眼泪，爸爸就心软了；
审问儿子时，每个罪名都是可恶的

在下班回来的路上，妻子抓着我的手哭诉了一番，因为过去的一年中，女儿欺骗了妻子。妻子虽然不说话，但出于对不争气的儿子的补救心理，对女儿不免有很高的期望。女儿从幼儿园开始就努力学习英语。英语是女儿的强项，使她变得自信起来。无论各种比赛还是考试，女儿的成绩都达到了妻子的期望值。初一的时候，通过熟人介绍，我抱着很大的希望把女儿送进了一家特别好的英语补习班。妻子打算通过一年的学习，让女儿稳拿第一名。

女儿似乎对英语学习充满了自信，所以即便不怎么学，成绩也总是很优秀。自满的女儿很自在，初一的考试卷对她来说也是小菜一碟，可以非常轻松地完成。那期间，女儿虽然背着书包往返于补习班，但学习的劲头却完全进入了长长的冬眠期了。可是，刚升入初二，模拟考试就让女儿的小伎俩完全败露出来，惊讶的妻子找到了学校。虽然那段时间学校里的老师暗示过妻子几次，可自尊心极强的妻子却没把老师的暗示当回事。难道我的女儿……妻子的自尊心被女儿不动声色地伤害了。

我们家只要是和孩子的教育相关的事宜都由妻子全权负责。无奈之下，我只好负责惩罚褒奖，但也只限于在妻子上诉和申报的情况下。只凭妻子的眼泪，就能判定请求内容是重罚。虽然我想做出适当的让步，可是妻子却丝毫不让步。这时，我也没有办法，只好拿起棍子审理对女儿的起诉案。

女儿的性格像个小男子汉，面对自己的错误，也知道分辨是坚持还是妥协。对于应当受到的惩罚，就算是会死，也不会求饶。所以，为了减少挨打的次数，她会耍些小手段，但绝不会示弱请求饶恕。虽然这是女儿的优点，偶尔我也会因此感到郁闷。

审问的时候，只有稍稍退一步，才有人情味儿嘛。

一般情况下，我的审问原则是罗列罪状，审问的时候总是看着孩子的眼睛。从孩子们小的时候就开始遵循这个原则了。我怒气冲天，眼睛看起来比赫拉克利斯追杀毒蛇时的眼神还要恶毒几倍。一看到爸爸发火时的眼神，儿子和女儿都不敢说话。

“就想去玩儿来着，没想欺骗的……可是……”

女儿说的都是又短又模糊的辩词。没有更完美的理由能让我心软。啪！啪！女儿因疼痛而喊叫的声音刺痛了我的心。这么一折腾，我真的很心疼。那天，我的心情差极了，喝了酒就倒头大睡了。

妻子的朋友像扔旧鞋一样把丈夫抛弃了，独自带着两个女儿去澳大利亚研修一年以后回来了。虽说她毕业于SKY大学，在大企业就职，出身于中产阶级家庭，却还拼尽全力读完研修。即使有这样的背景，可当她的孩子读江南学院时，她都觉得丢人了。而我们的女儿没去国外学习过，一直在韩国学习。相比之下，我开始担心女儿会极力捍卫自己的自尊心。

每天早上的英语广播像新农村的口号一样准时传出来。可是，儿子只要一听到英语，就像要口吐白沫似的极其厌烦。这可如何是好呢?

可能因为女儿是听着英语长大的，即便是有不明白的单词和语法，也能大概理解意思。女儿完全忘掉了学习英语很难的事实。她以为自己就那样完全可以应付呢，但越是想考高一级的英语，越要积累更多的词汇和语法，像盖楼砌墙一样，要踏踏实实一个一个地累积。这样枯燥无趣地学习，学校也变得像沙漠一样，让人感到厌烦。那段时间女儿偷偷地耗尽了以前积累的英语知识，结束了初一的快乐时光。

从闷闷不乐的妻子的手里接过酒杯，我又燃起了希望。

“老公，一次也不犯错，那哪是人呢，是机器吧？无论如何，多幸运啊！初一，自己随心所欲地翘课，可见她就是随心所欲的家伙。从现在开始好好期待吧，一切都会好起来的，消消气吧！”

所有的爸爸都会对女儿心软。

女儿小学四年级时，有一天，她突然打开卫生间的门进来了。当时，我正在洗澡，惊慌失措。昔日，那个光着身子像个小马驹似的在我面前玩耍的女儿，自从上了小学五年级以后就开始和我有距离了。就这样，女儿和爸爸的回忆从小学四年级开始结束了。对于男人来说，回忆是一生的下酒菜。

我们家的餐桌上还放着女儿小时候胖乎乎的照片呢。妻子给儿子和女儿洗澡的时候，一旦发现我，就会向我打手势，让我给女儿洗澡。在我看来，给女儿洗澡的时候很有意思，有着人与人之间最原始、最纯粹的心情。

因此，每当女儿无视我的时候，每当想起我让女儿自己洗澡的时候，我就感到吃惊，难道女儿已经从我的手上溜走了吗？……现在，我人生的乐趣结束了啊……我不知不觉地开始叹气。尽管如此，我还一直期待着。我憧憬着把孙女放在膝盖上，给她洗澡的日子。于是，我收起了对女儿的迷恋。

女儿和不懂事的爸爸之间最默契的时光是买衣服的时候。女儿就像是变成了干练的时尚大师，把衣服披在我的身上，脸上露出各种各样的表情，还不停地评判道：“因为爸爸是二等残疾，穿这样的花纹不适合。”一句话把爸爸身高的秘密都泄露出来了。尽管那样，我也不讨厌，因为在选衣服这件事情上，女儿指导着我和妻子。妻子也肯定了女儿敏锐的时尚感。一个神奇的事情是，我虽然很讨厌妻子抛出的有棱角的话，却不讨厌女儿那些冒犯的行为。

根据女儿的感觉发现了合适的衣服时，惊慌的总是我。以前和妻子一起购物时，那些我不满意的衣服，被女儿一说，就会适当地给予认可。不知为什么，好像是对女儿产生了盲目的信任，似乎女儿有相当专业的知识，并能准确无误地做出评价。如此看来，我这个不懂事的爸爸对女儿还真是很温柔。至少，女儿在服装店里的样子像妈妈年轻时候一样洒脱。女儿从来不是适度地指点，而是用非常肯定的语气做决定。不懂事的爸爸喜欢她那种自信的劲头。

儿子好像有恋母情结。看到爸爸妈妈深情相望的样子，两个孩子的表现完全不同。女儿以一句“好好玩吧”结束了关注；相反的是，儿子带着惊讶的眼神说：“妈呀，现在这是干什么呢？”就好像是发现坏蛋和自己的妈妈在一起似的。

和审问女儿不一样，审问儿子的时候，罪名更加恶劣。在妻子没有上报的情况下，我也随时把儿子抓过来审问。女儿健康又有能力，如果女儿是威严的白宫的建筑师，儿子一定是毕尔巴鄂古根汉姆美术馆（西班牙的一个专门展出现当代艺术作品的美术馆）那样崇尚灵魂自由的建筑师。女儿总是环顾四周，在建筑的最高位置上俯视别人的房子，儿子对此是不会感兴趣的。儿子是那种随意发挥只管建自己喜欢的房子的家伙。如果女儿是直线，儿子就是虚线、曲线。

我无数次叹息，国内的环境，不适合培养这样的儿子。把他送到国外还是留在乡下生活？这样的想法一次又一次出现，因为儿子自由的天性确实不适合这块土地。

我喜欢儿子的性格，不是就那样说说的。事实上，我很想把儿子送到国外。儿子的情感真的很细腻。儿子不是那种像坚守阵地一样守着办公桌，系上领带，过按部就班的职场生活的家伙。他不大可能一大早就准时准点地赶去上班。他是那种哪怕死也要做自己喜欢的事情的家伙。我为什么要讨厌这样的儿子呢？那也是流着我的血液的家伙……

儿子是自由主义者，随时变化的变色龙。他适合过一个人的生活，这是让他避开世上各种俗事的唯一办法。无论世界怎么变化，他都希望能随心所欲地生活。这是继承了爷爷的浪漫主义气质和爸爸的艺术家秉性吗？这和妻子的想法不一样，她认为爸爸的缺点一个不漏地全都被儿子继承了。

看着这个长得像我的家伙，我内心很复杂。偶尔，我像是看到了已故的父亲似的，感到恐慌。每当批评儿子的过错时，我的脑海里总会浮现父亲的脸庞，耳边响起他的话语：“喂！你这家伙，差不多就行了，那是人的命，不是骂一顿就能改变的。”他似乎要搂住孙子似的。每次想到这种情形，我的心就在滴血。儿子，对不起。

我从小长到大没受过父母的束缚，现在却像猫捉老鼠似的对待儿子，该怎样解释这种情况呢？无论怎么想，好像都不是父母的错。原因很简单，要归咎于我后天的成长环境。过了50岁的男人，被生活所迫，辗转在社会这个大食物链的网中。在这个过程中，我无数次地伤害了别人的心，结果我自己也受了伤。算了，还是指望儿子考上大学吧。

孩子读高三，爸爸什么都做不了

儿子不可侵犯的考试领域犹如秘密的花园，
作为爸爸，我什么都做不了

毕加索10岁之前的画风就已经超越了已有的画家，是个早熟的天才画家。

不知为什么，他的父亲辞去了美术教师的工作，难道是为了照料儿子吗？

毕加索长大成年后，就不再是天才画家了。从毕加索小时候就能像大人一样作画，便可见一斑，他从未在马德里美术学校里学过什么。和别人每天去学校不同，他敬仰无论如何都无法逾越的天才画家迭戈·罗德里格斯·德席尔瓦·委拉斯开兹，所以，频繁地参观收藏委拉斯开兹画作最多的普拉多博物馆。

起初，他无数次地临摹委拉斯开兹的作品，发现了天才画家的成功所在，就像通过拆卸奔驰车发现汽车的优点一样。他打破了原有的绘画框架，把多个画家的优点放在自己的绘画创作中，形成了新的构架，开始了充实的绘画实践。

最后，二十六岁的毕加索突然像失踪了一样，创了个所谓“unlearn（忘记已学的知识）”的新名词，即把目前为止学到的知识都忘掉，开拓没人尝试过的领域。毕加索果敢地抛弃了歪曲远近法，利用光和影子呈现真实的色彩，开始了立体派风格创作。从此，天才画家毕加索重新放射出了光芒，从模仿别人的画家演变成了一个有自己风格的全新的画家。他的画很畅销。

在韩国，从幼儿园开始就开设天才画家的课程，教孩子们像大人一样画画，画花开花落。孩子一旦学会了成人的画法，也就只剩下了死路。

每天儿子在昏暗的灯光下，像被饲养的奶牛一样时刻准备着产奶。看着儿子脸色憔悴，我很心疼，可现实就是这样残酷，也只能忍着。我希望高三的儿子早一天长大成人，能像大人一样思考、学习就好了。

毕加索最大的优点是：年纪越大越是像小孩子一样思考、做事。和小孩子交朋友，抛弃成人的眼光，而以小孩子的所思所想来作画。

有趣的是，把毕加索的画拿给几岁的小孩子看，问像不像小孩子画的，孩子们一致相信是五岁的孩子画的。毕加索七岁时就像大人一样像模像样地画画，年龄越大反而越是像小孩子一样，像小孩子一样生活、思考、作画。也许，小孩子按着成人的要求学画，就会被某种原则和框架束缚，这样孩子在绘画方面是不可能有更大的作为的。

如今，高三的儿子，如小大人一样，钻进了自己学习的小天地里。初中时，儿子的学习劲头还是十足的呢。可是，初中一毕业，他受到像暴风雨一样的折磨，有生以来第一次看到这么多有实力的尖子生。优秀的学生进入普通高中，中等生进入职业高中，而从普通高中落选的那些高不成低不就的学生和进不了职业高中的学生们，只能进入参差不齐的人文系高等学校。

在韩国，对于考生来说，有两次时间相对较长的休息期——小升初前的第一次休息期和初中升高中前的第二次休息期。开开心心度过休息期的学生们，在接下来的三年时间里要快速学完所有的课程，需要没日没夜地度过这段艰苦的岁月。

第二次休息期过后，我相信除了一部分特别的学生以外，大部分学生适应高中的时差几乎是不可能的事，因为高中与初中的课程不一样了，各种考试测验像暴风雨一样会不断来袭。他们让自己放松的唯一的乐趣就是睡觉。高一上课时，仅有几名学生不睡午觉。

女儿成为高一的学生了，她彻底地哭诉了一番，说学校生活没意思。学习的学生寥寥无几，我都怀疑还有没有能接受不爱学习的学生的学校了。若是企业，早已经申告破产；从军，也不过是乌合之众。人文系高等学校已经完全沦落为毕业证书的买卖机关。学校以教授学生学习的名义招生，最后全都移交给了课外补习班，在补习班的教室里一对一的授课才是最真实的现状。

儿子凌晨两三点钟才入睡，早上七点钟就起床上学去了，除了还能正常呼吸以外，没有闲着的时候。这是每个高中生都要走的路。除了寥寥的几个人把学习当作兴趣以外，对于大部分人来说，直到高考结束那一刻，都是无穷无尽的学习。到了凌晨两三点，还勉强支着酸涩的眼皮，认真看书，解答问题，日复一日。

想一想，到底为什么如此拼命地学习？这只不过是贪心，因为有人考试排名在我的前面，所以我不能休息，只能继续向前。如果在这里掉队，一辈子都只能被扣上落伍者的帽子，似乎我们家在培养一个小大人。或许通过高三考试这一关的数以万计的年轻人，在精神上已经一下子变老了。

我发现，我在西班牙遇到的有名的建筑师们都有一颗孩子般的童心，像孩子一样单纯地生活。如果一个很有城府的人说某人做出了一个杰出的作品，那不过是敷衍人的伎俩。杰作应该是蒙受神的恩赐，是世上独一无二的新作品。世界上独一无二的作品不是用眼、用手、用理论制作出来的，而是用心做出来的。

上了年纪后，我感到世界上最伟大的事就是年龄越大越能像小孩子一样生活。如果想要摆脱岁月的束缚，就要有勇气和敢于冒险的精神。

我几乎不能为高三的儿子做些什么。作为男人，特别是作为爸爸，不能真正地了解高三的考生。儿子为了备考而努力学习的房间成为不可侵犯的领域，犹如秘密花园一样。面对这些，作为高三考生的爸爸却什么也做不了，只好静观其变，安静地在妻子身旁小心翼翼地看着她的眼色。唯一能做的事就是以单纯的爸爸的心情，静静地看着儿子，心里暗暗为他加油。

成为让儿子尊敬的爸爸

爸爸有让儿子引以为豪的谈资，
儿子在学校里更有面子

不知从什么时候开始，儿子变得像女生一样敏感，而女儿却像男生一样大大咧咧的。这种情况不禁让我瞠目结舌。如今，我也不再计较，因为这不是一天两天的事，应该坦然接受。

我叮嘱女儿一定要像个女孩子一样秀气，督促儿子千万不要像秀才那样只读圣贤书，有时间就逼他做做运动。这些仿佛成了21世纪每个家庭都有的一道风景。

儿子这家伙，每天洗完澡就马上开始化妆，化妆棉和棉棒是基本必备的。他还养成了发现脸上有青春痘就做脸部护理的习惯。儿子像妻子一样，洗漱完就认真地往脸上敷面膜。他还涂抹准备好的药膏，像侍奉神的陵园一样认真。每到身体护理时，儿子对父亲的不满就都爆发了出来，抱怨自己的DNA，责备我就是传给他那样的身体的元凶。

刚开始的时候，我还发过这样的牢骚：“什么，怎么会有这样的家伙，真是岂有此理！”妻子急忙捂住了我的嘴说：“现在的孩子都这样！”我知道这是妻子给我“如果不能给他做整形手术，就老老实实地听着吧”的警告。

与此相反的是，女儿对脸上长满青春痘毫不在意。女儿挤掉青春痘，偶尔无奈地认为这是青春期的果实，没什么可害怕的。妻子反而为此很担心女儿，害怕女儿脸上将来会留下疤痕。

女儿把发臭的头贴着我的脸，喋喋不休地问我：“爸爸！我帅气吧？帅气吧？”女儿这种洒脱的性格还真是有些让我担心，用水大概扑腾几下脸，把奶液涂抹到脸上，然后边用手掌啪啪地拍打边笑的样子，活脱脱就是我的翻版。

女儿非常偏爱的东西只有一类，那就是对以衣服为首的鞋、帽、饰品等非常热衷。女儿不怎么关心身体护理，反倒对穿在身上的东西过分关心。

“去买衣服吧。”这句话是女儿的口头禅，我们常常听到。

和女儿相比，儿子倒是会花很多心思在身体护理上，但是对上学要穿的衣服、鞋以及其他饰物没什么要求，也漠不关心。女儿和儿子的兴趣和习惯都各不相同。

妻子偶尔看着我说：“以后孩子们大了要谈恋爱的时候，女儿一定会带回一个像儿子一样的男朋友，儿子一定会带回一个像女儿一样的女朋友，也许只有这样世界才显得和谐、多样。”

儿子考上大学以后，立志要当军官，为了增强体力开始运动了。儿子的青春期结束了，对爸爸的一举一动都找碴儿争吵的儿子不见了。他努力要成为学生军事教育团的一员。因为高考而过度消耗体力的儿子，为了加强锻炼开始进行艰苦的运动，这好像是他自己的梦想。这也是间接地承认我这个爸爸的经历。儿子采取的第一次行动，令我感到非常欣慰。

一天，儿子向我走来，非常坚定地夸耀我这个爸爸。在学校里，听到当过军旗班长的老师说自己是ROTC（预备役军官训练营）出身，儿子说自己的爸爸也是ROTC出身。于是老师问儿子：“你爸爸是第几期的呀？”儿子回答是19期，老师听后似乎感到很惊讶。

我没想到，关于我这个爸爸在部队的事情儿子都问了妻子，并记在了心里。幸亏儿子的老师比我低好几期。从那以后，儿子在学校里变得威风凛凛，我赢得了儿子对爸爸久违的尊敬。

儿子上高中之前，我们一家人曾去国外旅行。那一周的时间里，只要一有时间，我就和孩子们讲我年轻时在ROTC当军官的事。儿子听得厌烦了，便开始向妻子询问我在ROTC时的真相。儿子虽然什么都不知道，还是和导游叔叔说，自己的爸爸也和叔叔一样，是ROTC的。有一天晚上，喝醉酒的导游公开说我像他的一个前辈，并无礼地问我是第几期的。

导游一刻不停地讲着自己的故事，连年龄和家庭环境都一字不漏地说出来了。那天以后，以爸爸是导游的前辈为理由，儿子和导游叔叔成了朋友。

没错，你也是男人

儿子终于长大，成为家里第二个男人，
我这个不懂事的爸爸也踏实了

妻子让儿子和我背靠背比个。我能感觉到儿子那像古树一样宽阔的后背。我只要偷偷抬起脚跟，妻子和儿子就会笑话我说：“爸爸犯规了。”这个也是儿子小时候常用的手段。其实，我一眼就能看出儿子的高度。儿子长得高大挺拔。从妻子脸上的笑容就能看出她心里也是美滋滋的。妻子甚至冷酷地把女儿也叫来确认我和儿子谁高。真是的，在这个世界上可信任的人，一个也没有啊！我切实地感到，最后的背叛者竟然是我最亲近的人。

最近，儿子只要一有空就像对爱人一样地抱着自己的妈妈，求饶捣乱。而在20世纪70年代初儒教思想盛行的年代，长大的孩子是不可以抓住母亲的裙摆的。那时，我不知有多想摸摸母亲的奶头。小侄子长大了看到他还摸妈妈的奶头，我羡慕得不得了。

在家里，妻子把法律意义上的所有权交给我，而把实质性的所有权交给孩子。不知怎么的，我肚子饿了，妻子就翻白眼瞪我；孩子要是饿了，尤其是儿子，妻子就拉着他去市场买吃的。真是让我哭笑不得。

妻子既是儿子的爱人、朋友，又是忠诚的秘书。现在，如果妻子责怪儿子，儿子就像邻居家的小狗一样笑一笑，也不顶嘴。不知怎么的，如果妻子假装生气用手打人，健壮的儿子就会抱住妈妈，把妈妈的胳膊放下来。没错，有力量就是壮士。

人生真正的成功属于那些得民心的人。任何情况下，妻子都站在儿子一边。

有时候，妻子会因意见不同而冷酷地数落我这个不懂事的丈夫。对于孩子犯下的错误，毫不让步的妻子却认为像茶杯里刮起了台风一样，是不可能的，还会哈哈大笑。我真是无法理解妻子。

尽管那样，儿子也有让我安心的时候。在我还当儿子是小孩子的时候，儿子突然间用一只手拿起重物。我这个不懂事的爸爸还真是高兴得不得了。

过去，每个周末我回家探望的时候，父亲都那么高兴地干着繁重的农活儿。母亲在远处听到我的脚步声，便放下锄头，一边擦额头上的汗，一边俯视着我，她的小儿子。那个充满无限爱意的瞬间，有的是比大海更深、比泰山更高的母爱。

朋友总是带着健壮的儿子参加活动，并敲打着自己儿子的后背问道：

“儿子，将来能赡养我吧……”

我对此还没有足够的自信。因为，与儿子身体上的成长相比，他精神上的成长似乎很缓慢。这让我很不安。但是，孩子结实的肩膀和一下子长高的个子，像仓库里堆得满满的粮食一样温暖着我这个不懂事的爸爸贫穷的内心。

儿子的一举一动，让我想起了已故的父亲。儿子边叫喊着边走路的样子特别像我的父亲，我不知有多庆幸儿子长得不像我，曾担心儿子的个比我矮。和世界上所有的父母一样，我也希望儿子长得比自己高，学习比自己好，能幸福地生活。

我和妻子唠叨，最近儿子的屁股胖得快把牛仔裤撑破了。妻子又生气又高兴地叫苦：

“哎呀！去年买的牛仔裤都不合适了，这让我如何是好啊！”

儿子因为衣服太小，穿着很别扭，像山贼一样傻气。儿子慢慢地长大，把属于我的一点点地夺走。

在家里，儿子比我更能玩、更会消遣，从电子产品到电脑，无需经过我的手，有什么问题儿子都能解决，还能自己做饭吃。每天早上起床，看到儿子内裤上的精液时，我心里美滋滋的，因为这家伙是我的儿子。

我小的时候，已故的父亲每天晚上都会用手抓我那个隐私的地方，想看看他老人家的儿子长多大了。那时，我惊慌地推开父亲的手，而现在却无比怀念父亲的手。也许这就是父亲和儿子之间的情意。我也摸到了似睡非睡的儿子那个隐秘的地方，儿子虽然很困，却像对待敌人一样，一把抓住我的手说：

“您这是在干什么？”

偶尔，儿子像是久旱遇甘霖似的和我这个不懂事的爸爸谈论男性特征。说真的，我很开心。这时，妻子就会见缝插针地说道：

“以后如何谈恋爱，问你爸爸。还有结婚的第一天晚上该怎么做，啊！对……你爸爸是高手。”

我默不做声。儿子却露出了意味深长的笑，并说：“爸爸诱惑妈妈的实力，我愿意相信一次。”我没能和已故的父亲谈论性方面的烦恼，在性方面还被朋友们嘲笑过。我就是这样走过来的。

现在，除了我以外，这个家里又有了一个大块头的男子汉，仅凭这一点我心里就很踏实。不知道为什么，孩子一回到家中我就感觉家里满满的。就算是小偷进来了，似乎也可以很放心。现在，好像家里没有我也可以了，我暗自高兴了好一阵子。

可是，我开始希望儿子安静一点儿。当我问他为什么学习时，儿子的回答总是“因为不学习，妈妈会生气”，这样的回答听起来不像是开玩笑。“妈妈的男孩”这样的话不是无来由的。妻子哪怕稍微等等儿子并信任儿子该多好，可为什么就这么难呢？我想起了已故的母亲，哪怕是稍微回家晚了一点儿，母亲也会相信我，等我回来。

在坎坷的人生道路上，就算我摔倒了，也只有母亲用无比温暖的眼神看着我，似乎要说什么，可话到嘴边又咽了下去，即使这样也能给我勇气。

卖草鞋的女儿和卖雨伞的儿子

面对考试成绩，女儿落榜让人沮丧不已，
儿子考得好又叫人喜上眉梢

天气寒冷的十二月的某一天，我接到一个令人心情沉重的电话。

“爸爸，我落榜了。”

我突然忘了要说什么，“嗯，知道了，辛苦了……”瞬间，我的心沉了下来。女儿在考试中落榜比我在考试中落榜更让我刻骨铭心，就像突然停电了似的，一切都暗了下来。

我这个不懂事的爸爸给妻子打了电话，带着居丧人家的语气，听到妻子的哭泣声，我勉强说出来一句话：“老婆，辛苦了，忘了吧……”

我这个情绪一落千丈的爸爸比女儿更难过，我这个不懂事的爸爸首先想到的是自己的颜面。几十年前那遥远的记忆似乎穿越了时空，浮现在我的眼前。

我的大学考试落榜和女儿落榜的消息一起麻痹了我的全身。我呆呆的，过去、现在和将来混为一团，我感到思绪混乱。受伤的女儿在远处等着我，我在苦恼是否再给女儿打个电话。既然是无法改变的事实，我决定静下来，等待，因为痛苦会让人成熟起来。

我人生中最不想重复经历的事情就是落榜。然而，我到现在还在无数次地忍受着落榜的痛苦。悬赏招标，其实和公开竞争考试没什么两样。三四个作品中只选择一个，剩余的就都像废纸一样被扔掉了。无论哪个建筑师，都会把这公开竞争的痛苦和快乐珍藏起来。

我这个不懂事的爸爸比谁都了解落榜的痛苦。复读的那段日子——一个人忍受痛苦的情景又浮现在脑海中。一个人无法好好地去补习班上课、自己学习的痛苦，就像是昨天发生的事一样。这是人生的挫折，还是上帝的意思呢？

正当我胡思乱想的时候，久违的儿子给我发来了短信。

“爸爸！我今天英语考试考得特别好。”

人生怎么这样不平衡呢？一个孩子因为落榜满面愁容，另一个孩子因为考试考得很好而喜形于色……人生真是难以捉摸。一个孩子卖草鞋，一个孩子卖雨伞，所有父母的心情都是这样的吗？

那天晚上，那样忧郁的心情只好与酒做伴，我很晚才睡，所以第二天早上很晚才起床。为了女儿能考入高中，爸爸每天早上都诚心诚意地加倍为女儿祈祷，这是爸爸给女儿爱的特殊方法。平时，我每天早上要拜一百零八次，离女儿考试还有一个月的时间，我更加虔诚地祈祷。

我得放下心灵的包袱，寻找新的出口。我开始不停地做自我治疗，只为把我自己修炼好，然后修炼我的家人。就这样，我从放下小小的愤怒开始了我的一天。我一个人披星戴月地绕着运动场跑步，从自己的步伐中感受到了情感的变化。

我身心疲惫，冥思苦想了一天。或许，在另外一个行星上看，女儿的伤痛算不得什么，也许正像希望之星一样闪烁呢。

Chapter 4

做爸爸，要够坚强、够强大

无论我伤心的时候
还是在奶奶去世的时候
母亲都流眼泪了
父亲没有流眼泪
只是脊背上有汗的味道
——何清浩，《父亲的脊背》

我嫉妒儿子

在儿子面前，我受到妻子的冷落，
也只能默默地忍耐

儿子和妻子像情人似的，一会儿吵架，一会儿又笑了，一会儿又抱在一起，整天死去活来地腻在一起，偏偏把我排除在外，像是为了唤醒我的警觉心似的。看着他们一边看有趣的电影一边笑的样子，我就禁不住怒发冲冠。望着吵闹的家人，我的心就好像坠入地狱的尽头，一直向下，向下，永无止境。

妻子撇下伤心的丈夫，一天天地笑闹不止，比起漠不关心的儿子更让人觉得可恶。妻子像活跃在政治舞台上的领袖人物一样很强势，在家里总是掌握主导权。

因此，古话说，“一个女人，只要遇到三个好男人，就会一生无忧”。第一，是有一个好爸爸；第二，是遇到一个好丈夫；第三，是生一个好儿子。我的妻子至少遇到了两个好男人——爸爸和儿子。不管怎么看，我这个当丈夫的似乎都是不靠谱的。作为丈夫，无论谁都要经历第二个青春期，而我正处于这个时期。哎，家里不就是有个读高三的儿子么，妻子把我这个丈夫当成垫脚石一样踩在脚底，见了我也不理不睬，漠不关心地转过身去。

在家里，一切都跟随儿子的生活节奏。我这个爸爸下班回到家如履薄冰，屏住呼吸，蹑手蹑脚，小心翼翼的。哪怕我流露出一点儿不满，妻子都会发脾气，说我是一个有嫉妒心的不像话的爸爸，根本不理睬我。

在职场上也是一样，我像仆人一样小心谨慎地伺候上司，和同事之间也不能随便说话，永远像夹在三明治里的火腿肠似的。我这个傻子一样的男人在家里也得不到一丝安慰，真是可怜。

我从初中开始就自己生火做饭，那时我从骨子里都能感觉到客居他乡的悲伤。儿子完全像出生在新天地里的贵族一样，像支使下人一样使唤妻子，就连学习的时候也要大声叫妈妈。人啊，还真得生在好时候啊！

只要看到儿子这家伙，我已经平息的怒火偶尔就会涌上心头。虽然我开的是二手车，但我不仅常常要在学校外面等待，还要随时听候儿子召唤。为了迎合儿子的脾气，也为了满足他的好奇心，即使是他要衣服和好吃的，我也没能大声地向儿子喊过一次。世道真是变了，儿子都骑在爸爸的脖子上，爸爸还得装出高高兴兴的样子。

更让人可恨的是，只要儿子一喊妈妈，妻子就像听到上帝的旨意一样虔诚地服从。儿子不仅时不时地呼唤妻子，指使她做这做那，还把妻子当作玩具一样玩弄。

儿子可以随时随地搂住妻子的腰，还会起哄，真是可恶至极。即使是深夜，只要儿子喊一声妈妈，妻子就像皇帝御膳房里的宫女一样赶忙起身去伺候，认真地给儿子准备意大利面。如果换成是我想吃点儿什么，妻子则根本不予理睬。只剩下人生外壳的中年男人，在家中连最安全的避风港的位置都找不到。在高三的儿子面前，我就这样凄惨地备受冷落。

可是，这次妻子把我叫来当援兵。原来儿子这家伙在偷偷地看色情片——不是，明明我们家就允许看色情片，这又不是一天两天的事了。我喜出望外地吵着问妻子，她就像是停止呼吸了一样无力地蜷缩在那儿。在她看来，儿子就像是她的恋人一样背叛了她，然后妻子就会拿我这个丈夫撒气。妻子既是儿子的下人，又是他的私家警察。真是彼此爱得太深就会伤到对方。

最近，儿子在电脑里建立了属于他自己的秘密空间。这个给他带来满足的新时代的“蜜罐子”，我这个可怜的爸爸是绝对找不出来的。世道真是不公平，儿子在网上找色情片视频的能力也比爸爸高出一筹。儿子和他的朋友们互相发短信，传送视频，满足自己的欲望，最后还能不留痕迹地删除。真是的，也给爸爸看看多好！

儿子在电脑前听在线课程，可能也在偷偷地看着不该看的视频。

最近，即使妻子看到儿子听在线课程也不放心，我们就是这样过着让人纠结的生活。即便如此，也看不到妻子厌烦儿子的眼神。和儿子吵架时，妻子喊着讨厌儿子的声音里仿佛还带着无限的爱意。这时，我不禁心生妒忌。为了等到儿子的爱从妻子身上转移到他自己的恋人身上的那一天，我只好忍耐着。

跟妻子睡过的床都去哪儿了

我想躲在妻子的怀里寻求安慰时，
却发现早已被儿子或女儿霸占

青少年时，我认为父亲和母亲是特别仁慈的人，因为从父亲和母亲那里，绝对不会发现男人和女人之间的风流韵事。现在，我自己也当上了爸爸，连分享爱情、互相拥抱都要小心再小心地思量思量。

和妻子每月一次比较有规律的生理周期一样，女儿的那一天到来了。女儿虽然生活在可以调节生理周期的时代，但是生理期却是无法避免的。

我这个漠不关心的丈夫把妻子的生理周期、三围尺寸、结婚纪念日和生日统统忘掉了。我这个不懂事的丈夫就算是看着妻子的表情，也猜不出是什么日子，只好任由妻子数落一番。

对于我这个不懂事的爸爸来说，女儿每月一次的日子到来了。无论生理周期还是精神上的停滞期，对于爸爸来说，那一天都准时到来了。随着年龄的增长，年轻时候的生理周期成了精神上的停滞期，一把抓住了我的自尊心。

沉重的生活压得我真想去死不想活了，却摆脱不了。我在床上辗转反侧，像在沙漠里徘徊一样。我非常小心地抱着妻子的背，想要寻求一丝安慰。正在这微妙的瞬间，孩子冒冒失失地进来了。过去，男女七岁不同床，年龄大了更是不能随便进入父母的房间。可是现在，无论深夜或是大白天，我们的卧室像世宗路一样，成了谁都能走的通道。就算家里有上高三的儿子，即便到了凌晨两三点钟，我们的卧室也无法禁止通行。

拦住妻子，不让她去伺候儿子，是根本不可能的。妻子看到儿子正在学习，就像是看到了我年轻时健壮的肌肉一样高兴。虽然很讨厌妻子这样，但是岁月如梭，我又有什么办法呢？忙碌了一天回到家以后，却无法将妻子揽入怀中。现在，我该到哪儿去倾诉呢？

过去，父母去世要守丧三年；如今，我却是要守住孩子的高中三年，这是需要好运气的三年。我这个不懂事的爸爸晚上很早就回到家中，每天游手好闲，这成了一家人的灾难。就算是开着电视机也不知道该看什么，我就这样无所事事地过日子。妻子用比儿子更毒辣的目光看着我，我语无伦次竟不知道该说什么好。我的精力一天比一天衰弱，妻子却正好相反，她的手臂和摔跤选手的一样结实有力。这种压力不亚于职场给我带来的压力。

不久前，我对儿子还非常顺从。今天，我开始找借口，不让儿子进入我们的卧室。后来，女儿像小孩儿似的哭闹，问今天可不可以一起睡，一直吵着要钻进妻子的被窝。当我身心疲惫的时候，也想借用妻子的怀抱，哪怕是很短的一瞬间，我只想安安静静地待着，不受到任何打扰。

只有事业强大，家庭才会强大。疲倦、伤心的时候，连觉都不能好好睡，第二天会更疲倦。所以，我没办法，只好喊着说自己那天是“每月一次的特殊日子”。这是蕴含了很多种意思的话，我喜欢那种回味的感觉。我不想一直妥协下去，以至于把睡觉的床也让给儿子和女儿。然后，女儿调皮地说：

“爸爸，今天又是那一天吗？都多大年纪了呀，还……”

难道我能问我的女儿，就没有每月一次让人安静的那一天吗？爸爸也想拥有那样一天。我安静地躺在床上，用柔软被子的触感来抚平心里的伤痛，尤其是妻子那些侮辱性的话给我带来的伤痛。

偶尔，我也想躲在像无人岛一样的床上避开世上的风风雨雨，也想和理解我的人生活在一起。在你们看来，爸爸像坦克一样结实，像赫拉克勒斯一样强大，可是爸爸只不过是一个平凡的人。就算是发生了汽车追尾事故，我也会把后事交给妻子来处理，然后自己跑回家，放下自己作为男人的责任感。我曾经常常这样想。

忘记现实，闭上眼睛，浮现在我脑海里的是和妻子开始甜蜜新婚生活的唯一的卧室。对于儿子的目光，我还是会感到有压力。女儿每月的那一天很容易避开，但也许因为儿子是男性，看到他紧紧地抱着妻子的样子，我只好依依不舍地离开卧室，然后非常小心地关上卧室的门。从儿子上高三开始，我就有意识要轻轻地关门。

爸爸人生的新大陆——西班牙

我这不懂事的爸爸觉得远在异国他乡的
孤独感，比家人的爱更伟大

四十五岁时，我再也无法面对自己全身上下充满的无力感，带着恐惧的心情，我决定去西班牙留学。定好了去西班牙的日程后，我参加了女儿幼儿园组织的活动。就像已故父母给我留下的隐隐约约的回忆一样，我为了在小女儿的心里留下美好的回忆，牵着女儿的手带她去了幼儿园。

也许是因为即将与家人离别，我总是会想起女儿的样子。什么都不懂的女儿开心的样子让我更加难过。连总统爷爷的死都不知道的小孙女，看着她对着照相机做出V字形手势的照片，泪水浸湿了我的眼睛。

女儿和爸爸的回忆像是离别的最后晚餐似的，我们父女俩一拉一拽地爬上小山坡。女儿无从得知爸爸难过的心情，每当和女儿那纯真的眼神相对时，我心里真不是滋味。

记得父亲去世之前一直很想参加我的毕业典礼，想到这些，我突然明白了父亲的心。回忆似乎不是用来分享的，而是要好好珍藏的。吃着妻子准备的盒饭，我眼里含着泪水，内心却感到无比幸福，于是做出了西班牙留学的决定。每当希望一落千丈的时候，我不能像袋鼠一样向后退缩，而是要去寻找向前奔跑的方法。怀揣希望，关上门窗，把一切的不安关在外面。

去西班牙的那天，家人聚在机场的大厅里，把我团团围住，为我送行。儿子当时正在读小学，因为不知道我的悲伤，他还天真烂漫地笑着。无论与现实相碰撞的瞬间，还是受到嘲笑的瞬间，下一个目标总是会等着我。在这个瞬息万变的世界上，我只不过是一个焦急地寻找希望的小孩子。

对我来说，西班牙是个充满了疑问的地方。虽然没有比发问更好的学习，但是和家人分开的瞬间，问题就没完没了地出现。独自一个人后，我才展开了灵魂的翅膀，不断地发问：

我是谁？我为什么活着？为什么而活下去？要为世界贡献些什么呢？所谓的家人是什么？对于父亲来说，我到底是怎样一个儿子？对于儿子来说，我又是怎样一个父亲呢？剩下的人生要为什么活着？一个接一个的疑问等待着我回答。

幸福是什么？苦难和痛苦为什么总是跟随着我、折磨着我呢？爱是什么？世上为什么存在男人和女人呢？结婚意味着什么？死亡意味着什么？结婚和性爱的差异是什么？什么是朋友？诸如此类的疑问吞没了孤独的时间，一点点地刻在了我的心里。

孤独感总是迫使我在两条路面前做出选择。我逃到西班牙，好像找到了体面的出路。但是，事实上，我着实深深地掉进了烦恼之中。去西班牙不是准备好的出路，而是遇到难以预料的困难后迫不得已的选择。我就像是偷袭敌军心脏的突击队员似的，总是无法摆脱紧张感。等待我的浪漫却小得可怜。

面对这一切，我坚信我还有翅膀、还有希望。在向下的瞬间条件反射地扇动翅膀的痛苦，只有经历过的人才能理解。面临人生绝境的时候，我偶尔会本能地向后退缩。既然没有跳下去展翅飞翔的勇气，想要活下来就要收起希望的翅膀。

虽然可以向别人隐藏收起翅膀的痛苦，却永远也骗不了我自己。痛苦像影子一样无声无息地跟随着我，折磨着我。我们特别坦然地把那种痛苦称作命运。

坦白地说，我曾无数次地憧憬过留学生活。在让人束手无策的经济危机面前，我应该再冒一次险。如果从此一蹶不振，我自己都会感到羞耻，也许这对我来说是最后的机会呢。这样的想法非常强烈。过了四十岁，经济危机让我重新展开已经收起的翅膀。对我来说，这是危险的礼物。

西班牙是我人生中的新大陆。在一个满天晚霞的黄昏，我踏上了西班牙的国土，整个大地像火球一样滚烫。和初次见到刚出生的儿子一样让人兴奋，我迎来了马德里的黄昏。在韩国时的那种绝望感很快就被在西班牙的孤独感取而代之。孤独感像蜂群一样将我包裹住，越是这样包裹，我越是觉得这种孤独感比家人的爱更伟大。

我就像是一个被领养的孩子，生活在语言、文化、饮食都和韩国不一样的地方，每天不得不依赖肢体语言比比画画地与人沟通。一开始不会说“吃晚饭”这句话，我通过房东的肢体动作才明白，勉强记住了一个所谓“饮食”的单词，但到了晚上，就又听不懂了。

在首尔时，我虽然渴望那种孤独自由，可是现在真变得自由了，却像在沙漠里穿行一样让人寂寞难耐。在西班牙没有合我胃口的食物，我一口也吃不下去。我喜欢沐浴，这里却不方便，只能像新媳妇一样围着帷帐，往身上浇水。

去语言学院报到登记，因为我一句西班牙语也不会说，只在登记表上填写了名字。然后，通过给当地的金社长打电话问路，我终于到达了教室。室内有七个人围着圆形桌子坐着，肤色都不一样。我尴尬地笑着向他们打招呼，又回到了梦寐以求的学生时代。到了四十五岁还能重新拾起已经破灭的梦想，转眼间，一切都实现了。

我非常清楚金社长为什么要把我送到西班牙人聚集的地方，而不是韩国人寄居的地方，这和当初约定的不大一样。我虽然很生气，可也知道他是为了让我快速掌握西班牙语才那样做的。偶尔，我想把我在西班牙的苦痛作为礼物送给儿子。看着一个韩文字都没有的西班牙语教材，我不知有多沮丧，与其让我忍受一句话也不懂的四个小时的课堂讲义，还不如严刑拷打来得痛快呢。一整天我都翻词典听西班牙语的课，根本无法完成作业。

讲课的进度怎么那么快呢？无奈之下，我只好拿着书去问房东家的奶奶。当然，我当场被拒绝了。No！西班牙语中的拒绝和英语一模一样。

有一天，一个胖乎乎的法国小姐来到了我住的地方。我用韩国式英语和她聊了一阵子，想不起来的单词，也结结巴巴地试着说了几句。虽然才几句而已，但心里爽快多了。那天以后，我时不时向法国小姐请教西班牙语。几天以后，我去敲法国小姐的房门，她惊讶地问："谁呀？"似乎是被我的莽撞吓到了。后来，我才知道她根本不是什么法国小姐，而是这家房东的女儿。我没能分辨出西班牙人和法国人的区别。因为这个突发事件，我被房东赶了出去。无礼的韩国大叔的英勇行为在西班牙文化里是行不通的。

月末一过，我参加了学院里组织的语言考试。结果，我得了50分，而只有超过60分才能转到高级班，我只好留级了。平生第一次，为了梦想而挑战西班牙语，还留级了……我现在到底在做什么呢？我这个自尊心这么强的人立刻觉得很丢人。即便如此，我也只能重新开始了。这不是没办法吗？可是，这次却很神奇，我竟然能听懂老师的一些话了。真是天无绝人之路啊！

有一天，我心神不宁，四肢无力，像是丢了魂似的站在地铁站里，陷入了无尽的苦恼中，竟然还遇到了强盗。三个彪悍的北非青年拦住了我，像电视剧本里编写的一样，一个家伙拿刀逼着我的脖子，一个家伙抓住了我的手，另一个家伙在我背后，开始搜身。

在我的人生中，上演了一场罕见的闹剧，虽然有惊无险，可是不幸、孤独、恐惧接踵而至。我是该放弃在西班牙的学习回国，还是该坚持到最后？一切仿佛都在考验着我。此刻，我心中的第二故乡——西班牙，就像是敌国，是那么不友好。在路上遇到的所有人都像要吃了我似的。

我不由得想起一个从朝鲜逃到韩国的知识分子说的话，“在韩国生活，是要基于无数次的逃跑才能生存下来的。”这些话像荆棘一样刺痛了我的心。现在，我切切实实地感受到了。正如一直在后背支持我、鼓励我，最终把我推向西班牙的老师所说：

“金老师，好好修身养性之后再回来吧！我在美国读研究生的时候，也几次想过打道回府。每天都会想，如果回头，也许会结束艰苦的生活。”

那时，完全不记得什么是浪漫的事了。现在，我终于理解老师说的修养指的是什么了，那就是生活的魄力。在读语言学院的时候，我找到了一种真正的浪漫。长达四个小时的上课时间让人感到厌烦，中间三十分钟的休息时间却有着很多的乐趣。我抽出五分钟时间到西班牙的广场上优雅地写生。从我身边走过的游客看到我的写生，为我欢呼，我顿时成了画家。在艰难的人生路上，打开了开心的秘密之门，此刻我的心情不知有多好。

虽然非常艰难，我还是一点点地放下了那些用来提高西班牙语水平的工具书。结果虽然不是让人很满意，但毕竟有了克服困难的勇气。一个非常偶然的机会，我遇到了一个韩国人领养的孩子。对我来说，幸运的是，借此机会很顺利地住进了寄宿人家。此后，我变成了一个很温和的、遵守礼节的文明人，对寄宿人家的女儿也很有礼貌，终于在提高西班牙语方面得到了帮助。

我运气很好，申请了马德里建筑大学复原建筑专业。为了不被校方轻易地退学，我鼓足勇气认真地学习。比起在语言学院的时候，我的西班牙语水平提高了。和教授、朋友们交往也拓宽了我的生活圈子。每逢周末，我都会和朋友们一起参加派对，甚至忘记了自己的年龄，和年轻的朋友们打成一片。

西班牙和韩国不一样，不怎么在意人的年龄，和年轻的朋友们一起玩，感觉自己的身心都变得年轻了。

坚持、再坚持，就会有路可走。不抛弃、不放弃，努力向前，就一定会看到前方美丽的湖光山色。

朋友拉斐尔像天使一样乐于助人，他帮我把复杂的西班牙语翻译成简单的西班牙语。也许，他就是那个上辈子欠了我人情的人。上课时，拉斐尔坐在我身旁，帮我翻译，我才能把教授讲的要点都记下来。那段时间虽然像噩梦一样让人恐惧，可熬过去就变成了美好的回忆。这就是生活的秘密。“在苦难的边缘，也会有机会和希望。”听到这段简洁明了的话，我开始长吁短叹。然而，当时，我也深深体会到，只有全身心投入到事业中才能摆脱痛苦。

我讨厌浪费时间，却偏偏漫无目的地去旅行。我一个人来到西班牙，开始全新的学习、生活。本来走错路就很辛苦，再加上错过公交车，更是一言难尽，甚至还遇到抢劫，抢走了我身上所有的钱，在朋友的帮助下我才重新走出困境。上帝就这样通过无数次的意外，考验我独自生活的强大意志力。

即使这样，研究生论文答辩那天，展示自己的作品也比让我死还难受。在读研究生的两年时间里，我的西班牙语水平几乎一点儿也没提高。

我比别人画了更多的画。朋友们都用电脑神气地画画，而我却独自用笔认真地画了又画。于是，我和大家形成了鲜明的对比。

这么大的年龄才到西班牙留学，我发现自己竟然有如此强大的战胜危机的基因，正是西班牙的留学经历使我能轻松度过余生。虽然，我现在还是会害怕、恐慌，但在西班牙的留学生活让我找到了迎接新的挑战的力量。

儿子依然奋战在大学入学考试的“沼泽”中，也许会经常遇到鳄鱼、刮台风、船上漏水的事情……尽管很累，可我这个不懂事的爸爸却坚信，在这个过程中儿子一定会学到些什么，苦难不会把他压垮，因为最后它一定会留下礼物。

爸爸人生的延续——儿子

儿子的存在就是爸爸的快乐、爸爸的希望、
爸爸的幸福所在

由美国引起的经济危机再一次威胁到了公司，我决定关闭公司和儿子一起度过高二的暑假生活。可是，儿子却用一副很不高兴的表情对我说了一句话：

“爸爸，工作很累吗？公司倒闭了，是吗？”

我默不作声，只是微微笑了笑，真是难以启齿。为了避开家人的视线，我只好逃到图书馆。在这个世界上，我已经被挤进了五十多岁老男人的行列，让他们看到我这狼狈的样子，我的心里空落落的。于是，我决定正视困境。或许，在这炎热的夏天，想让儿子以自己为榜样，行动胜过说教。因为比起言语，更强有力的是行动。

于是，我把客厅当作书房，坐了下来。

我尝试着坐了一个多小时。真是做什么都不容易啊。难熬的三十分钟终于过去了，我坐立不安。我突然很想去厕所大便。我开始和儿子轮流开关冰箱门。冰箱的门开开关关，妻子终于忍不住扔出一句话：

“不要这样了，你们两个干脆住在冰箱里算了。”

这似乎扰乱了儿子的注意力。喂，还真了不起啊，连午觉都不睡。但是，这样的情况反而成了让我理解儿子心情的良机。世上所有的道理都是一样的，想要和对方交流，应该静静地抱着对方，听对方倾诉，才能理解对方。好吧，趁这个机会妥协一次吧！没有比隐瞒事实更糟糕的了。

“儿子！这么热的天，读书很辛苦，是吧？”

如此看来，我很久没和儿子沟通了。虽然，我一天要给儿子削几次香瓜，可儿子看了看我，挖苦了我一顿。平时，我只不过是个挣钱的机器，虽然心里很不痛快，可还是有一点权威的。但是没想到，现在，我那仅有的一点权威也荡然无存了。妻子担心地插了一句：

“不要把家里的气氛弄得这么糟糕。要不去爬爬山吧！”

赋闲在家的男人浑身都不舒服，我现在切实体会到了。无论曾经多么能挣钱的男人，只要在家里待上一个月，妻子就会觉得你很碍眼。爸爸以前的权威已经被扔进了下水道里。无论游戏还是人生，维持现状的决心瞬间崩溃了。妻子来来回回地监视着我的一举一动，很可怕。我硬是咬着牙挺过来了。如果这是男人晚年的命运，那我真的没法活了。一周过去了，我才像活蹦乱跳的小狗一样，找到了原点。离职以前，我曾经想过要休息一下，可终究还是无法摆脱束缚。现在，好不容易有机会闲下来，我再也不想错过这样的机会了。

也许儿子有了一点儿危机感，开始变得恭敬起来。与“孔子曰”还是“孟子曰”的相比，实际行动才是最好的。像韩石峰（李朝时期的书法家）的妈妈一样勤奋，六个小时，我安静地坐在椅子上读书、写稿子，敲打键盘的声音在酷热安静的客厅里回荡。我不想再戴着那个失败的男人慢慢死去的灵魂面具了。我丢掉了和儿子竞争的想法，某个瞬间，我的心一下子软了下来。我怀着非常沉重的心情，回顾走过的人生。

在我的内心深处，已故的父母不知不觉地温暖着我的心。小时候那些熟悉的情景仿佛是昨日发生的事情一样，浮现在我的脑海中。青春期是惹父母生气的时期，父母却从未让我有过伤痛之感，直到最后他们都在给予我温暖的安慰。和父亲对视的时候，我总是被父亲那炽热的爱所感染。伴随着父亲那暖暖的爱，慢慢地，我变得像父亲一样了。

如今，我和儿子会是怎样呢？儿子连和我面对面坐着都很难。这让我感到很心酸。在儿子上学之前，我们父子俩曾经度过了一段特别美好的时光。冬日的阳光下，儿子迎着阳光趔趔趄趄地走着，而且走得很好。看到他这个样子，我别无所求。儿子，你的存在就是我的快乐、我的希望、我的幸福。你那摇摇晃晃的小身体扑向我的怀里的时候，我的胸膛一下子变得像大海一样宽阔。抱着你的瞬间，因为爱，我的内心犹如大海一样，汹涌澎湃。因为，你是延续爷爷和我的人生的人。

战胜高三的秘诀

摆脱时间和空间的束缚，释放压力最好的
运动就是走路和跑步

做儿子“陪读”的过程中，从某种程度上说，我的精神变得强大了。这个酷热的夏天考验了我的意志。我的头就像着火了，热得要爆炸了似的。我用凉水沾湿毛巾敷在了头上。风扇吹出的风使水分蒸发掉，把头上的热气都吹跑了。放着空调不用，这样疯了一样的方法是从老师那儿学来的。

几年前，一个炎热的夏天，我去了老师的研究室。我还是第一次看到有这样读书的。

研究室的门开着，我一进去就被闷热的空气吞噬了。一眼看不到书桌，书充斥了整个房间。老师在书架之间的小书桌前看书。唯一的一台风扇转动的声音打破了寂静。我感觉屋子里的空气真的是太闷了，情不自禁地说：

“开空调多好啊！”

我冷不丁说出一句话。老师扑哧一声笑了，并递给我一杯茶。我连看都没看一眼，就直接张开嘴喝掉了这杯凉爽的饮料。

“炎热的夏天安静读书的乐趣，不能被空调抢走吧？”

老师的心情真的很好，把日光灯都关掉了，脱掉了上衣坐在小小的煤油灯旁看书，像一只巨大的熊一样威严。我也开始学着老师的样子，让儿子看到我威严的样子。我把灯都关掉，借着从蚊帐透过来的光线看书，把风扇转动的声音当作蝉的叫声，非常投入地读书。开着空调确实很凉爽，可不知道为什么，密闭空间里的冷气像虫子一样吞噬着我的身体，让人无比厌恶。

无论如何，能够调节我郁闷的心情的，终归还是意志力。

我本意不是向儿子示威或是给儿子做模范，而是要像与儿子共赴考场的朋友一样，与他共同承担痛苦。就这样我们不受任何人的妨碍，各自投入到自己的事情中。想想看书、写字的好处，稍微忍忍，不知不觉地就读懂了，因为思想是不会受束缚的。

儿子一点点地变化着。他轻轻地推开房门，似乎想要揣摩我的心思，给我端来了冰凉的水果。这样看来，至少儿子不再把我这个爸爸当作敌军看待，而是开始当作战友。我开始和儿子有精神上的交流了，不是形式上的男人和男人、爸爸和儿子的关系，而是心灵之间滋生的认同感。于是，我感到自己作为家庭的一员，地位提升了。

渐渐地，即便我不和儿子说话，也能读懂彼此的心了。我曾经多么渴望儿子理解我。之前，儿子从不轻易敞开心扉，总是用警惕的目光斜视我。现在，儿子开始用好奇的眼神窥视我的内心了。

曾经，儿子是那么冷漠，只是形式化地跟我打打招呼。现在那一切仿佛都成为了历史，变成了回忆。虽然身体疲惫，但我的内心却很舒畅。慢慢地，两颗想交流的心连在了一起。家中有了足够的信赖的氛围。

我带着儿子去了运动场。儿子在路上冥思苦想的难题还没有解决，就只顾着跳绳了。我想说，战胜高三的秘诀在于腰部，可我只是笑了笑；我想说，只有保护好下体，挺起腰部，让腰部健康，才能守住精神，可我还是没说出口。我想，儿子很快就会明白这些话的双重意义。

想要摆脱时间和空间的束缚自由地运动，走路和跑步是再好不过的了。恋爱博士巴勃鲁·聂鲁达对跑步做了自己独到的简短的说明：

“只有腿有力气了，才能承担起爱人，不是吗？”

我也赞同这句话，再加上一句：“儿子啊，也不要忘了保护好腰。”在西班牙，每天可以通过跑步来缓解压力，改善渐渐变差的体质。

每天像疯了似的跑啊跑，出的汗像是淋过雨似的，就这样把一天的压力抛到了九霄云外。

也是，就算妻子在旁边，我也没有和她聊天的精力了。尽管那时候我才四十五岁，只剩下年轻的尾巴，还能勉强支撑起健康的身体。过了五十岁，我的精力开始衰退，承受重力的下半身像泄了气的轮胎一样，只要一有空，就会坐下来休息，身心像瘫软的面条一样越来越无力。

可是，为了坚定儿子的信心，我还是挺直了腰板。这时，我的心情有些奇妙，曾经隐藏起来的欲望蠢蠢欲动，整个人也充满了自信。健壮的腰部不仅提升了我的自尊心，也保证了大脑的运转，但妻子不知道这个事实。男人确定自己健康的瞬间，便会像鲸鱼一样舞动起来。

如果儿子也能像鲸鱼一样舞动就好了。但是，我没能给他更多的称赞。我没能像已故的父亲一样，为了儿子可以牺牲一切。我觉得很对不起儿子。时间会慢慢流逝，在遥远的未来，我将记住此时此刻。

我记住了你的样子
我记住了你去年夏天的样子
你头戴灰色的贝雷帽，内心一片平静
你的眼里跳动着晚霞般的火焰
树叶一片片落入你那似水的心田

——巴勃鲁·聂鲁达，《秋天变成了夏天》

有时，妈妈的发号施令也许束缚了你和我的自由。即便如此，爸爸相信你，因为现在我完全接受了你。我爱你的一切。在炎热的夏天，和你一起度过那一个月的回忆结束了。

儿子的选择是全家人的选择

儿子考大学，选择专业，制订入学考试战略，
每一步都在为自己的人生之路做出抉择

马德里大学毕业作品发表会前夕，几乎每天我都像刀架在脖子上似的，喘不过气来。我的西班牙语一点儿也没有长进，依然停留在原地。这残忍地践踏了我的自尊心。没办法，我只好缓慢地画着画。为了能让别人理解我的真实意图，我用精练的语言和文字做了说明。是放弃，还是面对挑战？虽然放弃会让我马上解脱，但是我会永远挣扎在失败的沼泽中。遇到无法避免的危机时，我就变成了弱小的放牧者，于是我本能地向上帝虔诚地祈祷：

“不要让我胆怯地向后退缩，让我勇敢地挑战一次自己吧！”

心底似乎有什么东西让我陷入了沉默，我已经知道那个答案了，只是担心想要掩饰的真相暴露出来而已。为了找到自己的优点，我花费了太多的时间，都是因为我那仅存的可怕的自尊心。我能做好吗？害怕自尊心受到伤害，于是又开始祈祷：

“让我试试完全地忘记自我吧！”

上帝总是在你看不见的地方为你打开一扇门。有得必有失，勺子里的水不洒掉就无法欣赏沿途的风景。不把勺子放在心上，只顾着欣赏风景，或者只顾着集中注意力别让勺子里的水洒掉而放弃欣赏风景，在二者间应该做出选择。

到现在为止，我的人生像命中注定似的，整个人被扔在了游戏中，并且从没有输过一次。我终于明白，每天让我压抑的负担感对我来说原来是补药。每天都是崭新的一天，每天又都很累、很痛苦。只有身体累一些，精神上才能感觉幸福，有谁了解这种奥秘呢？我每次都要求儿子既不弄洒勺子中的水，又欣赏风景。我终于知道这种想法是很不负责任的。

儿子一升入高二，我们就一起制订了考大学的目标。

我们开始做不同的考试准备，阅读一、二、三级各个类型大学的招生简章，并认真了解了很多大学的专业，有疑问的地方还找到老师或者学院咨询。

选择总是与担忧相伴。不论是选择拥有还是选择放弃，都是对自己想要的是什么的真实回答。对于这一点，我确实比妻子更谙熟，不是不害怕，相反，正是因为害怕，才更加慎重。儿子的专业最后选定为计算机。我们相信，为了能让儿子利用他擅长的历史知识制作游戏，学习和计算机程序相关联的多样尖端知识是最好的选择。也许因为这是关系到儿子未来的问题，放弃的科目总是在眼前晃来晃去。每当妻子唠叨不停的时候，我就强势地让她断了种种念头。这样做不是因为我没有犹豫彷徨，只是在遥远的未来，即便会因惋惜而陷入悔恨，现在也要头也不回地坚定地向前走。这是和儿子一起深思熟虑之后做的决定。

在我看来，送给儿子梦想的大礼物，莫过于先规划蓝图、把小的事情暂时向后推一推。我想最后拜托儿子一件事，那就是希望儿子把喜欢的历史游戏暂时放一放，因为只要一有时间，他就写呀，画呀。无奈只能让他把这些兴趣暂时停一停，先把梦想的蓝图勾画好。

无论人生还是建房子，首先都要把地基和顶梁柱夯实。做好顶梁柱以后，整体的框架就都看见了，这样便能把握住整体的结构。

建房子的时候也是一样。要考虑地理位置及周边的环境、地皮的状态和开发前景，还有家庭成员特别重视的空间等多种要求，最后才开始设计。

这时，对于建筑师来说，不能只具备画图的功能，还要考虑生活在这个家里的人。反复修改，最后浮现出清晰的画面，这就是建筑设计师构建的框架。

对于儿子来说，最重要的是找到属于他自己的人生框架。这也是他为什么要学习的答案。为什么上大学，为什么选择这个大学和这个专业，还有以后要做什么，如何做？这些是人生的总计划，要先制订出来。

没有人能否定名牌大学是拥有更广阔的人脉和社会关系网的捷径。问题是，不能停留在这里，而是要规划出未来的鸟瞰图。儿子考大学、选择专业、制订入学考试战略，都是构建人生重要框架的具有历史性意义的瞬间。考入大学、找到工作、遇到心爱的人，是最让人激动的瞬间。这些都是不曾走过的路，所以人生是美丽的。

儿子与安东尼奥·高迪

我这个不懂事的爸爸期望儿子成为像高迪
那样热爱痛苦的人

巴塞罗那的公交车过了晚上十二点就肆意地奔跑在阿拉贡王国的夜空下。那个超越世人想象的建筑物让人为之震撼，使人瞠目结舌。我想，看到自己崇拜的名人巨星的激动之情也不过如此吧。现在，能够收起发泄不满的心反而是幸运的，不是吗？无论如何，我都无法相信那是人类的作品，到底是为什么，怎么可能？想来想去都觉得不可思议。

那是人间应有的建筑吗？同样都是人，为什么上帝把我创造得如此不堪呢？

在西班牙时我花了很多的时间、精力和金钱参观了无数个建筑物。可是，当我看到圣家教堂的那一瞬间，我知道就算是我死而复生，也没办法做到这么好，我浑身上下充满了绝望感。即便是站在金字塔面前，或是站在万里长城上，我都不会如此绝望。安东尼奥·高迪所设计的建筑物，不是只要有钱或时间就谁都能做出的建筑物。就算是在所谓的“近代建筑之父”勒·柯布西耶面前，我也不会吃惊的。而此刻，唯独在这个人的作品前，我像凋零的花一样蔫了。

高迪是把巴塞罗那作为自己的作品背景的狂人，他的一句话打击了我，“艺术必须出自于大自然。”我不禁感叹，高迪的作品不是人类的作品！也不是什么中世纪的作品，而是近代作品。过去一个世纪的作品竟然能如此压迫我的灵魂？在世上各式各样无聊透顶的事中，没有什么比高迪更直白地让我们看到人类的不平凡。儿子考入大学后，我最想让他看到的不是别人，正是安东尼奥·高迪。因为没有比高迪的作品更能说明人类想象力是无所不能的。

高迪是一个贫穷铁匠的儿子，父亲开着个面积不大的小铁匠铺。他和父亲学会了憨厚做人的道理。高迪从小就患关节炎，疼痛一直折磨他，但他从没有屈服过。高迪非常有想象力，竟然能把小铁匠铺看作教室，用忍受痛苦来磨炼自己的意志。高迪不但没有回避父亲的贫穷，相反，他把父亲的贫穷当成了自己宝贵的遗产。高迪天才般的想象力是在父亲铁匠铺学匠人手艺时练就的。没事做的时候，他很懂事地用铁制作大门和书桌，就像做关东糖一样一下一下地轧铁。他用雕刻铁的手雕刻石头，雕刻空间，雕刻人生，最后雕刻出了巴塞罗那。

对高迪来说，战胜要将他置于死地的关节炎的方法，只有疯狂地工作。我所知道的高迪，平生虽然很孤独，却昂然走完一生。他懂得把自己的缺点升华成优点，又不沉溺于金钱和权利。

高迪果断地拒绝了担任巴塞罗那建筑大学教授的提议。他才是匠人中的匠人。

高迪不像别人那样舒服地坐在设计室里设计建筑。从贫穷的高中时代起，他就进出铁匠铺亲自制作模型，甚至还做了焊接的工作。高迪的杰作之一是佛罗伦萨。在建筑佛罗伦萨的时候，每砌一块砖，他都要用黏土制作模型，无数次上上下下地重复，制作出精确的实物模型以后，再亲自打磨蒙特胡依克山的花岗石。

高迪最伟大的地方是绝不随波逐流，绝不走别人走过的路。每个作品，他都会用全新的理念进行试验。高迪从不凭着直觉搞建筑。在开发出科学的建造法之前，他就已经建好了实验室，做了各种构造实验。他把施工现场缩小，并制作出模型，经过试验后再实施。

高迪依靠富人投资来工作，却从没浪费过一分钱。他建完佛罗伦萨以后，从米勒夫人那里收到了巨额工程款，后来又把那笔钱原封不动地作为施工费捐献给了圣家教堂。

高迪平生热爱建筑，孤独地度过了一生，直到逝世的时候都没有一件像样的衣服，总是穿着破旧的工作服，衣服兜里竟然还有花生渣儿。高迪虽然拥有财富和名誉，却总是从这家医院辗转到那家医院，结果错过了治疗时机。

我祈祷儿子能成为像高迪那样懂得热爱痛苦的人。人在苦痛的瞬间虽然像彷徨在迷宫中，但与其把这个世界和他人看作敌人，还不如相信自己。我站在圣家教堂前祈祷，把高迪那样的气息传递给我的儿子，它告知世人什么是仅有一次的人生及死亡的意义。

儿子喜爱的历史书籍，我都喜欢。连希腊神话中《罗马人的故事》，我也喜欢。我喜欢抱着《世界历史》，在书中寻找儿子的未来之路。不管多累、多难，我都祈祷儿子能像小鹿一样自由自在，不和别人进行比较，也无需隐藏。

像行星脱离轨道一样，逃往西班牙

出逃的乐趣如同解开缰绳后快马加鞭向前的快感

经济危机降临的时候，我似乎只想着，该怎样做才能偷偷地逃出去生活呢？公司面临倒闭，我第一次感到了人生的无常。我感到脚下的土地不知不觉消失了。逃离不是从现实中暂时离开的旅行，而是突如其来的逃避。我突然只想去一个没有人认识我的地方。我就像是在革命中失败的政治人物一样，匆忙地登上飞机。飞机起飞的瞬间，我感觉到自己成功地出逃了。当飞机进入平稳状态后，我才找回了平衡感。

我在狭窄的韩国土地上生活，有一天突然逃跑似的飞往西班牙。我从没亲眼证实地球是圆的，现在突然知道了。出逃的快感是体会到快马加鞭向前的乐趣。可没过多久，我就怀念起了可歌可泣的过去。

在我的人生中，从来没有去过的未知空间——西班牙，感觉就像是专门为我出逃所准备。在水、空气、文化、风俗，乃至人种和语言都不同的空间里，我感觉到了自由，又心存不安。不用面对过去，为了在新天地里留下足迹，我开始了在马德里的流浪生活。

在西班牙，我忘记了自己的年龄，和二十多岁的年轻朋友逛街，对时间不屑一顾。在西班牙，我懂得了所理解的东西和自己亲身体会是不一样的。不飞到天空是无法知道真实的天空的。我像是手里拿着新的洋娃娃一样，心里暂时充满了满足感。尽管马德里的黄昏很美，我依然没有发现让我一辈子在这里生活下去的魅力。

我是抛弃小学二年级的儿子和幼儿园的女儿逃跑到西班牙的爸爸。到了深夜，我还是睡不着，像担心明天的太阳不会升起似的，不过只要一想到孩子睡觉时香甜的样子，我就又充满了希望，告诉自己不能倒下。每当想起孩子们可爱的脸庞，我的眼中都会充满了泪水。作为爸爸，没能守护孩子，我感到很对不起他们，这种感觉总是鞭策着我，一瞬间我竟泣不成声。我寄居在马德里某个拐角处很小的房间里，只不过是个外国人而已，吃那种抹了奶油的半生不熟的面包片，实在难以下咽，不记得我为此吐过多少次。因此看到上初中的孩子因学校食堂的饭不合胃口，宁愿每天饿着肚子回家，我曾感到恼火。我们的食物多好吃啊……

对我来说，西班牙是混杂了泪水、叹息和欢喜的地方。没有承受过冷清夜晚带来的残酷的孤独感的人，同样也不能感受到清晨灿烂的阳光带给人的温暖。对于45岁的中年男人来说，国境不再是地图上细细的一条线，而是像监狱一样的围墙，束缚人的精神自由。为了家人，拼了命地工作；为了生存，不断降低自己的声音，也许就这样被驯服了。当我决定去西班牙的时候，周围就一直有人追问我：都这样一把年纪了，想要享受什么样的荣华富贵，才肯离开祖国去远方？那个年纪出去留学，归国以后会有什么改变吗？他们似乎不懂得追求自由是让人变得满腔热情的事情。

我回国以后，他们对我的看法发生了180度的转变。“怎么那个年纪还想到要离开呢？我就知道你一定能行的。”以这样的口吻来说，反而是夸赞了我。人心真是难以捉摸。

虽然是短时间的逃跑，却让我懂得了该怎样度过余生。活着，活着，竟然还能继续去冒险、挑战，仅凭这一点，我就心存感激。只是看完一部让人感动得落泪的电影，我就感觉一个月的生活似乎充满了希望。在马德里，我体验到被一本书感动后如同受到洗礼般的心情。

从来不说像爸爸一样生活

爸爸的人生已成定局，儿子有自己的人生，
让他自己规划吧

作为能吃苦耐劳的产业时代的爸爸，比起质，我今天也要在量上拼命。结婚以后，妻子最神气的时候就是在餐桌上。我这个贫穷的乡巴佬有把好吃的留到最后的习惯，但是，在富裕的家庭里长大的妻子却总是先吃好吃的。妻子想吃的东西总是可以随意吃，而我是这顿吃饱后总担心下一顿吃什么。她的富足与我的贫穷，在餐桌上形成了鲜明的对比。

我习惯了同时做两件事情。用现在的话来说，就是Two Jobs。上大学的时候，我合理地安排时间做兼职工作。我在公司应对自如地上班，然后再到普通大学里学习。

70后、80后和与我年纪相仿的人，似乎依然过着紧张的生活。我生在一个结婚后就不再是独自生活的时代。

父母那个时代的人不知道什么是玩乐。以前，所长们周末也一定会在办公室里工作，对于他们来说，周末工作的强度只比平日稍微小了一点而已。而我们这一代是要看着老板的眼色，在工作和休息之间捉迷藏似的生活。

年轻的时候，我虽然年轻力壮，但在精神世界里却像老年人一样活着。被工作追赶着，一点儿都不能掉以轻心，看这个那个的眼色行事，小心谨慎地度日。我不做运动，也不能有规律地休息或是理直气壮地外出。在儿子眼里，爸爸的休息只是单纯地从睡觉开始，又以睡觉结束罢了。儿子小时候常常指着床，问："爸爸在哪里？"儿子总是捏睡着觉的爸爸的鼻子，或是在我的肚子上玩，直至把我弄醒，这是儿子和爸爸之间唯一的游戏。

大学时，我一周只有两天去学校，剩下的时间都是在办公室里工作到晚上十点。因为是我喜欢的工作，所以不曾有过抱怨。但是，我一边在公司上班，同时还要在普通大学学习，所以对于我来说，积压下来的作业永远也无法做完，就像脚镣一样压得我喘不过气来。

我每天都要忙到凌晨两点，一天不停歇地准备作业，要做的真多，似乎很难完成。周末，我很早就起床开始写作业，直到周日晚上才把作业都完成了。上大学的时候，我几乎就没睡过午觉，总是计算着不足的学习时间，把工作当作游戏，把学习当作工作。受工作折磨的我，用青春给健康砌上了墙。每年换季的时候，我都会感冒。那又长又腻烦的生活的枷锁，以姗姗来迟的留学生活结束了。

在西班牙，我懂得了照顾好身体是多么重要的事情，第一次悟出精神上的休息就是创造富足的生活。只要一有空，我就会用运动来缓解压力。星期五的晚上我会背上行囊，独自去旅行。一个人的旅行会伴随着紧张感和好奇心。虽然发生过错过目的地、弄乱了日程之类的事情，还有过被小偷抢走身上所有东西的事件，但我还是充满活力地度过了假日。到了星期一，我便可以精力充沛地学习。

每当感到忧郁和寂寞的时候，我就会穿上轻便的运动服，在马德里市内狂奔。每当我感到累的时候，都会这样来缓解压力。即便是回到首尔以后，我还会继续做两件事。一个是每天早晚都要做轻微的运动，另一个是阅读和写作。

生活的质感是我人生中最大的礼物，我要好好将其珍藏起来。可是，有一天，高三的儿子突然很严肃地对妻子说：

“妈妈，如果我考不上SKY大学，就要像爸爸一样，一辈子努力学习，要那样活着吗？”

妻子笑着回答：“嗯！”

刚开始的时候，我心里真有些不是滋味，不由得笑了笑。原来，我的人生让儿子懂得了要好好学习啊！我从没对儿子说过

“不要像爸爸一样活着”，也从未说过“要像爸爸一样活着”。儿子只管活出自己的人生就好，不知道从何时起，儿子开始跟着我做起了运动，就像小时候我跟随父亲的样子。

Chapter 5 不懂事的爸爸幸福生活的方法

餐桌上，有一盘鸡蛋卷
爸爸总是把饭留着
让我们分着吃
那米饭真的很甜
——安孝基，《爸爸的饭碗》

不懂事的爸爸的三大原则

不惹老婆生气，老婆总是对的，默默地
帮老婆干家务

最近，妻子说我真的发生了很大的变化，听起来不是什么好话。新婚时的情景已经变得模模糊糊。儿子和女儿出生以后，我们彼此都习以为常了。对妻子来说，我就像是被蜜蜂的毒针蛰了一下，然后渐渐变得憔悴。于是，我离家出走，去了西班牙，回来以后制订了三个原则：第一，绝不跟妻子顶嘴；第二，总是最快地给予妻子肯定；第三，默默地帮妻子做家务事。

被紧张生活中的困难折磨得筋疲力尽，这还不够，但凡心中藏着一把锐利的刀，都可能随时伤害到周围的人。刀完全可以放入刀鞘里。可是，总是有人拿着刀，吓唬周围的人。用刀尖恐吓对方，足以证明他不自信了。

在西班牙度过的孤独时日里，我用思念家人的心学会了修养。最让我羡慕的是一家人亲密地坐在一起，和和睦睦地聊着天，一起唱歌、串门什么的。能摸得着，能感觉到，能嗅得到的小小的快乐，是多么的难能可贵，这是我在西班牙留学的过程中深切领悟到的。在家庭中，爸爸也要跟随不断变化的现实，用新的理论和逻辑来武装自己。

稚嫩的儿子为了迎接大大小小的考试，每天熬夜艰苦地奋战。女儿连哪怕一点点的缺点都不想暴露在别人面前，背着别人自己悄悄地加倍努力，可见她那幼小的心灵也受到了伤害。妻子少女时的梦想在渐渐褪色，离现实越来越远了。我继续人生中的乐趣——作画，心态渐渐平和。

因此，我很顺从地接受家人所有的要求和不满。于是，周围的一切都变得安静下来。那天以后，孩子们调皮地说爸爸对妈妈所做的一切都是虚情假意的。这是开始了虚虚实实的战术吗？是悟出了外柔内刚的人生法则吗？不懂事的爸爸决定放弃为了在家里变得完美而做出的努力。

以前，我是一个渴望成功的人，精神抖擞努力拼搏着，回到家里也不放松。一旦发现哪里有不足，就会极力继续战斗，露出一副凶狠的模样。这样一来，家里突然变得鸦雀无声，静悄悄的。非常安静！可是，那种平静却毫无生气。相信那段时间家里的和平和威严并存。那时，我还是个不懂事的爸爸。

我身上的盔甲非常厚重，压在肩上真是太久了。我每天都会下决心，要成为早出晚归为家庭付出的顶梁柱。可是，日子一天天过去，我感觉在家里爸爸的位置变得越来越窄，只要我一出现，就像警报器响起一样，家人都迅速地躲进了各自的房间。以前的旧观念是爸爸的行为一定要端正，就连在家里都要像在铁轨上飞驰的火车一样朝着既定目标前行，然而，为了得到内心的平静，我需要放下沉重的负担。从西班牙回来以后，我觉得自己成了一个不懂事的爸爸，脱掉了身上的盔甲，连内心的铠甲也脱掉了，换上了轻便的衣着。

我在家里变得越来越可怜，我需要努力再努力。任何人都不愿意悄悄地成为托底的地板吧？被看作家里顶梁柱的我躺在地板上，似乎真的成了托底的地板。可就算是让我自己扛起整个世界，也是没有用的。倒不如像以前父亲所做的那样，像钢铁一样支撑着整个家，一个人遮挡住世上的风风雨雨。

为了验证我的设想，我出了个妙招，那就是让家人围坐在一起做游戏。在做游戏的过程中，我一直以来隐藏的习惯和不足一览无余地暴露出来。刚开始做游戏的时候，我还没有丢掉做爸爸的权威，玩着玩着就愈发变得尴尬起来。有时候，我感觉画着曲线，画着画着就变成了直线，突然又变成了虚线，然后又画出了抛物线，突然又变成了射线。在这个过程中，我的感情自然而然地流露出来。这些线互相连接起来就好像乱乱的纽带，比起图有其表的权威更能让我感到幸福。

在游戏中拼命阻挡儿子前进的爸爸，只是一个没有架子、像朋友一样的人。我在游戏中凄惨失败的瞬间，儿子像朋友一样抱住我的肩，安慰我这个不懂事的爸爸。

然后我会适当地发发牢骚。孩子们偶尔也会亲切、温柔地对待我这个小心翼翼的、要小孩子脾气的、不懂事的爸爸。不管我怎么用爸爸的权威跟他们算账，孩子们都能看清楚我这个贫穷的爸爸的心思，妻子也看得一清二楚。这是我打破心里的壁垒，在家中分享自由的第一步。

一天深夜，妻子久别的后辈来了。后辈刚喝一杯酒就有了醉意，开始回忆起人生。他常常训斥那些不能完全像自己一样努力工作的职员，他说那一刻他明白：就算是用鞭子驱赶，我也只是手疼罢了，是无济于事的。职员们离开以后，位置又空缺了，再雇用其他的职员接手业务。那又能怎么样呢？

年龄过了五十，我学到了一个生活的经验，那就是无论职员还是家人，都应该用心对待，就算是用权威或职位压迫，也不会留下什么的。不是精力充沛就能搞好设计，只有具备更丰富的经验，经过多次的试验，才能弄清楚什么地方有问题，哪一个部分是关键。如果所长总是说自己正确而对方错误，职员们是不会敞开心扉的。此时，最好是迅速承认自己的失误，然后称赞职员的想法，得到职员的尊重才是好的开始。

在家庭中也是一样。不懂事的爸爸敞开心扉的时候，往往会让家里充满了活力。我也只是一个普通人，一个男人没有必要去掩饰自己的缺陷。在家庭中，如果也像赶着牛群似的，总是没办法向前推进。偶尔把自己的缺点暴露给家人看，还能增进家人间的亲密感呢。

爸爸偶尔也会装装糊涂

装糊涂可是讲究技巧的，老婆心情要好，
还得有孩子们感兴趣的话题

我做得最好的事也许就是装糊涂。然而奇怪的是，作为不懂事的爸爸，如果我装糊涂，家里人会像是有什么喜事一样帮助我，还能陪着我一起玩。身体不舒服或是累的时候我就顺势装病。儿子是最心疼我的，把自己最喜欢的食物分给我吃，还把肩膀借给我靠靠，像个朋友似的安慰我，挺讲义气。我偶尔也会有难为情的时候。作为爸爸，我也可以这样做吗？可是即便如此，比起像紧绷绷的橡皮筋一样保持着紧张感，还不如让自己放松一下比较好。

从西班牙留学回来之后，我稍微有了变化。妻子准备煮饭来不及刷碗时，我会帮助刷好，并任由妻子使唤。作为奖励呢，饭后有甜点吃。孩子们也为爸爸的改变而感到惊讶。

“哎呦，我的肩膀啊……”每当我这样撒娇，女儿就忙着给我揉肩膀。妻子则干脆给我按摩，把毛巾放到微波炉里加热给我敷脸。我装一次病，家里便会洋溢着幸福和笑语。

每当我疲惫的时候，女儿就会献殷勤地给我做按摩。女儿的手艺是最好的。怎么能那么准确周到地按摩好不懂事爸爸的僵硬肌肉呢？每次做完按摩，我就会精神抖擞。然而，天下真是没有免费的午餐啊！女儿累的时候，就会向爸爸索要回报，然后我也要认真地给女儿按摩。不知怎么的，我总是很急切，心不在焉地胡乱给女儿按摩，就会受到女儿的指责。

“我的爸爸，要认认真真地给我按摩哦！”

唯一一次看到已故父亲有精神头的样子，就是在他老人家有些许醉意的时候。父亲借着酒劲对母亲开了平时不开的玩笑，而且很开心。父亲追忆自己新婚时曾经帮着母亲提着包到处奔波，还不停地夸赞自己。然而用酒作借口，父亲又开始装糊涂了。虽然没有表露出来，但是母亲好像很喜欢这样的瞬间。

在家庭生活中，装糊涂是生活中必不可少的维生素。至少，在交情深的朋友面前稍微装一下糊涂也是件好事。装糊涂其实是在与同伴开玩笑。有时候，需要适当的地放下争执，挽着妻子的胳膊寻求和解，这时候不是希望得到妻子的同情，而是想尽快转换话题避免更多的争执，所以抓住时机是很重要的。

女儿想要零花钱的时候会对我撒娇。不过最近，我把经济大权一股脑儿丢给了妻子，她可就不是借此想要捞一把的动机了。女儿很小的时候，撒娇一次可以换来一千韩元，但是对于准备大学考试的孩子们来说，就没有了那种浪漫。而我还不会给女儿挑选喜欢的衣服的机会，孩子们撒娇的对象往往是既有经济权又很时尚的妻子。

想要和儿子亲近，讲历史故事就行。只要一讲起罗马时代恺撒的故事，儿子就乐得合不拢嘴了。一边听着一边提问，儿子把气高万丈不懂事的爸爸当作朋友一样。想要和某种人做朋友，就找一些对方最喜欢的话题，然后装一下糊涂，征求对方的意见就可以了。打开对方心扉最好的钥匙就是适当刺激对方的好奇心。只要抓住时机，花点心思就好了。

对妻子也是一样。像有前科的人一样反复犯错，还老是装糊涂是不行的。要观察妻子的心情。在她郁闷的时候，为了开导她我会适当装一下，去我们恋爱时经常去的比萨店是件很浪漫的事。为了一起驾车出游，浪漫地兜风，我会再次观察妻子的心情。如果没有特别的事，妻子会吃这套，并且成为幸福地度过一周的基础。我想，爱难道不是从小小的装糊涂开始的吗？

爸爸的西班牙式生活哲学

西班牙人像准备隆重的庆典一样，和家人
开心地度过假期

西班牙人充实的生活给了我很大启发。对于他们，我曾经发出一个疑问，那就是“他们生活的目标是什么”。此问一出，瞬间气氛变得很严肃，大家都奇怪地望着我。于是，我开始感到不安，装糊涂地回答说“是幸福”。他们为了幸福，比我们付出更多的努力。他们认为与其挑剔自己的缺点，还不如看自己的优点度过一天呢。

和我住在一层的阿夫拉姆和一个法国教师同居，每天上午房间里都是没有人的。他是大楼的清洁工，也是一个贫穷的画家。他用赚来的钱画自己喜欢的画。在我们看来，他和那个女老师并不是很般配的一对，但他们却很幸福。

与我们相比，儿子更是一个彻底的个人主义者。幸福，如果不爱自己是感觉不到的。五十多岁的男人感到幸福的瞬间，往往停留在过去。我总是为了不确定的未来，被生活驱赶着。西班牙的朋友们做得最好的事，就是比我们更知道怎么玩。

在西班牙遇到的巴勃鲁，学习总是像玩似的。他虽然是中学生，却连女朋友都带回了家。巴勃鲁是我的西班牙语老师，他很少待在家里，我更多的是在街上看到他和朋友们逛来逛去，他就是这样一个十多岁的中学生。他们年级越高，就越会努力学习，和我们不同的地方是，选择自己喜欢的领域是中学、高中时期最重要的目标。

似乎他们一直在玩，一年四季都会在城市中心的马约尔广场上举办庆典，像首尔广场的示威游行似的，尽情庆祝狂欢。西班牙教堂总是被年轻人占据着。

不像我们，严肃地怀着信仰生活。一到休假时节，爸爸就像是某一天做独立宣言似的，宣布休假的日期。往往因为公司的日程变了，休假日期也跟着变上无数次。假期里，保持家庭的融洽和维系亲情成了要履行的义务。而西班牙人像准备庆典一样，开心地度过假期。

我们和别人不一样的生活方式真的是让人挺累的。我对邻居是如何生活的很感兴趣。我过分的关心，也会打扰对方的私生活。看看他们的饮酒文化，可以比一比我们的娱乐文化。我常常感叹，像我一样五十多岁的男人真的很可怜、很凄惨。相互间都戴着面具，就这样见面，然后又分开。即使是因为生意上的事见面、协商，也无法坦诚地聊天，平时根本不能敞开自己的心扉。因为我们总是像刺猬一样，把身体藏在厚厚的盔甲里面，观察对方。只有看到对方似醉非醉的样子，才会敞开心扉。

如此看来，男人只区分白天和黑夜，过双重生活，才能很好地融入社会生活。因看到对方糟糕、破败的样子而感到开心，这是如此根深蒂固的荒诞的饮酒文化。玩着喝了炮弹酒会很快就醉的游戏，在如此欢乐的晚上，聚餐文化是能够摘掉厚厚的假面的唯一机会。戴着假面具是不能进行真正的沟通的。

对男人来说，几乎没有和家人沟通的时间，年轻的后辈在一点点变化着，可是已形成的文化似乎不那么容易改变。虽然不想失去生活的乐趣，可是我对现在的文化还是不满的。让自己的人生开心一些、爱自己的家人、在职场中有所作为，并在三者中找到共同的乐趣真的是太难了。

在西班牙，我最先学到的是玩的技术和方法。事实上，我最不擅长的就是玩。正如有过外遇的家伙更擅长搞外遇，偷过东西的家伙更擅长偷盗一样，玩过的人更知道怎么玩。虽然感到对不起儿子，但是没有回忆和浪漫的人是最贫穷的人。

在西班牙，每月一定要举办一次派对。已经45岁的我，对此却非常陌生。学院里的朋友们在公寓里边喝烧酒边吃东西，跳舞到深夜，不想喝烧酒了就喝啤酒，聊着聊着又站起来跳舞。玩似乎是没什么意义的事，反而成了经常性的活动，玩的时候一定要为了自己而玩。

在所有的领域中，人们都只认可该领域的“第一”。酒吧也只接待特定的人。因为，如果没有共同的乐趣可以分享，会很容易搞砸气氛。

所有参加派对的人都是主人公，寻找属于自己的节奏。上课时间穿着牛仔裤和轻便衬衫的女学生在参加宴会时，竟然也穿上了华丽的低胸晚礼服，展示着她们的曲线美，还化了漂亮的妆。对她们来说，那是享受当下幸福的时刻，确定自己活着的瞬间。她们在宴会上绝对不会露出狼狈的样子。

对我们来说，最不足的地方就是宴会文化，尤其是对于五十多岁的男人来说，没有庆祝的时刻。不知怎么的，宴会一开始，我就狂欢了起来，玩得很high，玩得失去了理性才结束。我们没有以游戏和庆祝的方式让疲惫的身体和精神得以放松的文化。从大人到小孩，无论是谁，当沉浸在自己喜欢的游戏中时，都会融入快乐的气氛之中。最近，年轻的女人最喜欢的约会对象是有趣的男人。这是多么幸运的事情啊！趣味最终走进了我们的生活。

儿子露出世上最幸福的表情的时候，就是他自己成为主人公的时候。儿子读小学的时候，我们父子俩每周末都会去网吧一起玩星际争霸游戏。每次走进网吧，儿子都欢呼雀跃。

为了缓解儿子一周的学习压力而安排的活动，他对此很满意。那时，我们就像是老朋友一样勾肩搭背，一起回家。游戏和庆祝就像出去旅行一样，从现实中暂时逃离，换位思考，找到自由，享受快乐的旅行。

爸爸和孩子沟通的技术

和孩子最有效的沟通就是一起玩，
一起过有趣的生活

儿子高一的生活很快就结束了，虽有些不安，却又说不出哪里不对劲。儿子的学习成绩虽然是名列前茅的，可是与普通高中比起来，感觉还是太逊色了。据说，那些出国留学一年以后回国的学生反而不能适应国内的学习环境，听起来像是在说别人，但又有种暴风雨前夜似的感觉，让人感到不安。

儿子的学业除了英语，没有别的什么问题，而如果读普通高中就要被没完没了的全科目的考试所折磨，背负着沉重的作业负担。

整体上看来儿子的学校生活像田园生活一样温馨。可能因为是职业学校，课业强度并不是很大。学校和学生像是签订了休战协定似的，气氛非常和谐。虽然应该称赞学习很自信的孩子，可是，因为孩子的先天不足，我就感到心里空荡荡的。孩子在学校上课，我却感觉像是摘半生不熟的水果一样，不知道怎么的，感觉心神不宁。

女儿读初中二年级，要准备的东西很多很多，所以每天早上都会和妻子吵架。儿子在公立学校上学，我们很少训斥他；女儿在私立学校上学，却像新媳妇一样总是被训斥。

高一暑假过后，儿子像是经过六个月特殊训练的士兵一样，一副自信满满的状态。除了受到我和女儿猛烈的攻击以外，儿子还是幸福的。儿子像玩一样学习，充满了自信，像在下坡路行驶的自行车一样，靠重力自然地前行。对女儿来说，没有比努力学习也不出成绩更扫兴的事了。女儿想要全科成绩都得100分，总是因为学校排名一会儿哭一会儿笑，和顺其自然学习的儿子形成了鲜明的对照。

虽然儿子的全校排名一直很靠前，但是因为职业高中的特殊性，家人不轻易给予认可。一言难尽，就算是在小人国当队长，也没什么大不了的。面对这样的现实，我感到极度不安。只要一有时间，我就带着女儿出去玩，这深深地刺痛了儿子的自尊心，比蜜蜂蜇人更疼。了不起的家伙往往是让人妒忌的对象，我非常理解女儿的心情，哥哥一边玩一边学习，全校排名比她的还靠前。

轻松学习的儿子的成绩仿佛是通货膨胀一样，让人感到不安。这也许是因为妻子有现代人的狂躁症——事业很顺利会不安，不顺利还是会不安。妻子还时不时地向我发号施令：

“你现在做什么呢？就算是鼓励他，也感觉特别别扭吗？”

只有妻子发出像雷声一样的喊声，家里才会和平。妻子事后又总是后悔，我特别想问：“你抚慰过儿子受伤的心吗？”

男人最大的不幸是，无论什么时候都背着沉重的负担前行。在生活的旅程中，没有了喜怒哀乐，只是千篇一律，无味的星期一到星期五而已；为了吃，为了活着，只知道工作的生活。

我不再努力寻找让自己生活富足的方法。快乐、祝贺、欢笑、跳舞，敞开门窗，欣赏世上一切美，似乎这些很简单，但在地铁里，在职场中，想看到笑脸是很难的。所有的人都绷着脸埋头于承受生活压力的练习中。

爸爸的生活被强迫观念禁锢着，因此，和孩子们沟通也很困难。一上班就开始观察办公室里的气氛，这个习惯甚至都被带回了家里。爸爸们在家庭中连参与竞争的时间都没有。默不作声地等待着，是赢还是输，只要看看计分器就知道了。周末睡到凌晨就起床跑去高尔夫球场，哪怕将这种热情的三分之一放到家庭中，也不会发生这样的事情了。不知怎么的，在儿子和女儿面前，能够说的也就只有这几个字了：

“最近学习累吧？”

看到默不作答的儿子和女儿，感觉像是拍马屁拍到了马蹄子上。倾诉不是重要的，但沟通都是从倾听开始的。比倾听更好的沟通是一起过有趣的生活，一起玩。

无论远处看到的风景多么美丽，也比不上我们家的小花园。不管花园有多美，也比不上房间里的小盆栽。不管房间里的盆栽有多美，也比不上心花怒放。

儿子的大学入学考试无疑是家里最重要的事情。在家庭中，大学入学考试占有无上的地位已经由来很久了。越是这样的时候，反而越要面带微笑，越要充满爱和希望。

我决定在过于自信的儿子身上泼一瓢凉水，不仅是为了儿子的幸福，也是为了我自己的幸福。我开始觉得，在烦琐的日常生活中和家人们沟通也需要练习。我想磨炼技术，成为一个帅气的爸爸。每当看到孩子们的时候，就会努力地做三次长长的深呼吸，然后再和他们讲话。所以，我选择的方法是，除非妻子有特别的要求，否则绝不对孩子们大声喊叫。

一天，我并没有什么别的用意，对从身边走过的儿子说：

“我的儿子，加油！”

“我最近很累。”

我同意地点头说道：

“嗯，一定会很累的。”

“爸爸，要吃这个吗？”

他把手里拿着的水果递给我，我很感谢儿子的孝心。

“不，算了，爸爸不吃。”

我就那样微笑着抚摸儿子的后背说。

“爸爸，真肉麻！”

“我儿子的胡子长了很多啊，哈哈。”

“爸爸，那我进屋了。”

虽然看起来是淡然相处，但儿子心里肯定还是很高兴的。

爸爸永远是孩子的坚强后盾

儿子，走你自己的路，无论怎样，
我都会为你加油

我是一个希望能和儿子一起打破陈旧观念的不懂事的爸爸。我期待儿子能成为把产业时代所带来的勤勉、诚实、努力的精神，与新时代的价值观完美融合在一起的冒险家。不要成为学习好却思维狭窄、不具有创新精神的青年。新时代价值观的出发点与现有的是完全不同的。我希望儿子能另辟蹊径，有多种无限发展的可能性。

为了不成为那种挑战精神的绊脚石，我不断努力着。因为我是高考生的家长，特别是作为担心儿子前途的爸爸，我没有胆量厚着脸皮说大学不是人生的全部。但是，比起期待儿子在残酷的入学考试厮杀中胜出，还不如期待他能超越自己，挑战极限。

我不会按照常规画画，只是根据自己当时的感觉来画。即使是人人赞颂、惹人怜爱的苹果，我也只是按照当时的心情大概勾勒一下，用自己的情感画出忠实于自己内心的画。难道没有门窗，只画一个长方形就能说是房子吗？

从西班牙回来以后，一有空我就到大学教书，指导年轻的学生。让人焦虑的是，如果我让学生写读后感，无论什么时候，他们都写得跟八股文一样。有一次，我站在旁边看他们写，感觉自己都心灰意冷了。

设计课上学生要求教他们设计方法。世界级的设计师们会异口同声地说："设计不是靠教的。"我的老师去美国留学后回国做建筑师，他也说过设计不是靠教的。也许是因为我所积累的七年教学经验，现在我只希望在一旁静静地等待，看着儿子走自己的路。

所有的人都应该像艺术家一样生活吗？我认为，生活中任何时候都是艺术的。这世界上最珍贵的生命只有一次，如果能像艺术家一样生活乐在其中，也不妄此生。虽然不是所有人都能像艺术家一样生活，但是都能找到自己想走的路，以自己独特的方式生活。每当锐气被磨平的时候，总是会感到前途渺茫、暗淡无光，而前行的速度自然放慢。然而，一旦摆脱诱惑重新站起来，生命就变得更坚不可摧。五十年以后再回首，诱惑越多、越困难，人生越有意义。

儿子身心疲惫，好不容易睁开困顿的双眼，摆脱无力感，投入到大学入学考试中。而我能给予儿子的东西实际上并不多。除了默默地给儿子加油外，我找不到其他的方法。

对于儿子，我偶尔会有不管你过着什么样的生活，我都会为你加油的想法。虽然有点让人无法想象，但我以后会一直这么做的。所以即使时间流逝，我还是一如既往。这是已故的父亲给我留下来的最伟大的遗产。

尊重儿子的同时，每当因为肤浅做作而使我昏了头的时候，我总会想起作为父亲的心情。比起“给我认真学习”，我总想一边说“儿子辛苦了吧”，一边把他搂在怀里。儿子！我希望你可以把人生的包袱稍微放下些，走你自己想走的路。爸爸即使离开人世，变成了灵魂，也依然会为你加油。

爸爸最大的优点就是抗挫败感强

做自己喜欢的事，不抛弃、不放弃、
不妥协，一直坚持到最后

眼睛是心灵的窗口，脸就是自己人生的地图和镜子。到了五十多岁，只凭脸部的表情就能知道那个人是怎样生活的。人生是无法重来的。做整容手术纵然能去除脸上的皱纹，却无法遮住灵魂的窗。仅凭我说的几句话儿子就能察觉出我的内心，对他来说，我所说的虚假敷衍的话都是像尴尬的扑克牌游戏之类的没用的东西。在培养人生的宽度这件事上，我自己也无数次地摔倒。在儿子面前，我不得不违心地藏起内心的不安。

无论是谁，在遇到人生的阻碍的时候，都不愿意相信是真的。无论多么聪慧的人也有怀疑人生的时候。在危机面前，软弱的人也会因感觉世上无趣而误入歧途，警醒的人生绝不会是直线的。我不禁感到人生就如抽象艺术一样单纯、干净。

在追逐梦想的过程中，时常是犹豫不决时的不安挡住了我。以我的好奇心，可能干脆直接走进去，或者神气地离开。其实，在儿子面前，那个犹豫不决的我才是真实的我。恐惧，就是越逃避越感到可怕、危险的怪物。只有面对恐惧，来个硬碰硬，才能有个结果。

去西班牙留学之前，妻子发了很久的牢骚。

“都一把年纪了，还要去学习，回来以后能有什么改变呢？”

可是，我知道妻子不是真的那样想，只因为妻子非常爱慢慢老去的丈夫。儿子和女儿长得非常快，妻子为此感到很高兴，不会讨厌我这个丈夫的。即使很急躁，我还是愿意相信经受时间的考验而练就的内功。如果时间能稍微慢一点，我想让儿子看到，不放弃自己喜欢的事，一直坚持到最后的爸爸的样子。孩子是模仿着爸爸的样子成长的。

我渐渐放下了人到中年这个沉重的负担，放弃了高尔夫，也减少了喝酒的次数，只是通过散步和运动来给身体和灵魂自由。基于不断的沉淀，我开始埋头于设计。我喜欢设计师的生活，可以开心地工作。我利用很少的空闲时间来读书、写字，并参与建筑师协会组织的建筑文化之旅活动，完全沉浸在和人们交流的乐趣中。

我不是为了别人而运动，是为了自由的身体和灵魂而做运动，轻便的跑步和散步足够了。与其因制订太大的目标而焦躁、急切，倒不如通过实践小的目标来培养意志力。虽然开心地生活并不那么容易，但是，我会把小的快乐作为基石继续运动。

读书、写作本身就是一件幸福的事，我的心也会被字里行间的话所感动。稿纸发出像抽丝剥茧一样的声音，耳边仿佛听到妻子爽朗的笑声。

在理想与现实中，总是存在肉眼看不到的距离，但那不是什么问题。如今，我还是个读书、写作的幸福的傻子。不再像丢了魂似的盯着电视机看，我因自己写的书每次都很畅销而扬扬得意。我相信在孩子们面前爸爸读书、写作的样子更讨人喜欢。

现在，我不再在儿子面前宣布不看电视了，而是全心投入写作。如今，我成了儿子堂堂正正的爸爸。尽管在妻子面前我还是只纸老虎，但至少我是只爱做梦的老虎。爸爸最大的优点就是岁月教给他的厚脸皮。

不做只凭嘴巴说说的爸爸，哪怕只是一分钟，而是要成为实干的爸爸，我要用实际行动厚着脸皮生活下去。

全家人的手工DIY饱含家的味道

既尝到全家人齐心协力完成手工DIY的快乐，
又拾起对家人爱的力量

几个月以前，我终于完成了多达三千块的手工拼装模型。四个月时间里，在家里狭窄的客厅地板上，一块块拼图占据了我的心，让人备受煎熬；考验我们一家人耐心的手工DIY小屋，终于完工了，呈现了它应有的模样。我如释重负，感觉很爽快、很惬意。一家四口人一点点地共同努力：女儿有聪明的头脑和感知能力，儿子能快速集中注意力和机智，妻子是支持一家人的后援力量，我像奋勇向前的勇士一样指挥行军。

我走过客厅，手里拿着一块拼图坐了一会儿，又烦恼地站起来，这样不知道反反复复多少次，花了一两个小时才拼上一两块。客厅就像刚刚竣工的施工现场一样，我收拾收拾这个，又收拾收拾那个，免不了菜饭都凉了还没顾上吃一口。

在做这个手工DIY的过程中也能清楚地看出家人的性格。有谋略的女儿也有破坏力，不喜听从别人。儿子开始很兴奋，立刻从座位上站起来，无数次地反复翻找自己需要的拼图，却没能成功，最后扔掉拼图，气愤地走开了。妻子是个艺术家，一直在旁边坐着观看，虽然拼图做不好，却能活跃现场的气氛。不懂事的爸爸是坦克，像推土机似的一直追赶到最后，为了儿子和女儿，不遗余力地拼着命。某个瞬间，我们一家人全力以赴，很快拼对了拼图，体验到了快感。如同久旱逢甘露，这时是又感激，又神奇，又开心的时刻。

在这个世界上，像女儿一样聪明的人到处都是。在我的身边有很多高学历的朋友。不管是在哪一个领域中生存，想要爬到食物链的顶端，至少要具备了不起的学历和人脉，以及实力和才能。

和儿子竞争会很吃力。想要取胜办法只有一个，要么非常感性地做出选择，要么方方面面考虑周全，然后再做出选择。一旦做出选择，最好态度坚决地执行。

这样一来，某一天会突然遇到当初没有想到的机会。但是，当我打开心爱的妻子的心门时，我也赢得了儿子和女儿的心。我和孩子们一起等待，一起忍耐，一起坚持，终于走进了那扇门。不懂事的爸爸的最大的武器，就是给家人带来活力的能力。虽然很艰难，可是我仍然尽最大的努力爱我的家人，继续前行，助家人一臂之力。虽然爸爸不是什么铁腕，也不是什么顶梁柱。

我已故的父母虽然没有什么社会地位、权利和金钱，但是一辈子都无微不至地照顾家人。我也曾经讨厌过身为贫困农民的父母，也曾怨恨过没能满足我这个不懂事的小儿子欲望的父母。然而，现在我却非常爱那样的父母，尊敬他们，无比地怀念他们。

也许，在儿子和女儿的眼里，我是个做得很不好的不靠谱的爸爸。所以，我这个不懂事的爸爸要想赢得孩子们的尊重，只能努力建筑坚固的美丽的房屋。现在，我找到了收回贪婪欲望和作为爸爸赢得家人的心的方法。我没有什么了不起的能力，也没有什么经济实力，但是，我找到了经受变化莫测的岁月的洗礼，昂首挺胸生活下去的方法。

买回三千块DIY拼图，却不能拼好，只好把拼图摊在客厅的地板上，每天拼一点儿。就算是我的力量不足，但有了家人的热心和真诚帮助，最后还是完成了。

胜利的赞歌属于我的家人。虽然我这个不懂事的爸爸没有表扬他们。但我的家人都理解我，支持我，直到最后一刻都没有放弃。

我认为只有家庭才能成为爱的源泉。哎！我这个不懂事的爸爸，直到这把年纪才领悟到这个道理。不懂事的爸爸在人生之路上终于发现了新的世界。我很羡慕那些过得很好的人，但没有必要因过分地羡慕嫉妒恨，而把自己弄得那么凄惨。

尽管，我这个不懂事的爸爸像三千块拼图中的一块那样微不足道，但也有它的价值。我向着今后剩下的岁月前进，该如何堂堂正正地走下去是个问题。不走别人走过的路，我应当另辟蹊径，怀揣一颗浪漫的心让家人幸福地生活，自己活出像样的人生。当然，家人之间互相尊重是前提。

后 记

不懂事的爸爸像斗牛士一样英勇

我还记得西班牙的朋友们无意中开过的玩笑。

“巴高（我的西班牙语名字的缩写）！你们国家的人怎么可以吃狗肉呢？”

那时候，我听到这样的质疑后，想到的反驳他们的例子是“斗牛”。“那你们怎么把一头黄牛放到运动场上，数十人轮流虐待它，最后还杀死它呢？”在西班牙，打开电视机，不是在播放足球，就是在播放很受欢迎的斗牛节目。

食用狗肉是韩国传统饮食文化的一部分。只是给那些以素食为主的农民补充动物蛋白，作为盛夏的补品而已。饮食文化是根据一国的风俗和生活习惯而形成的文化。

而斗牛是西班牙人的娱乐文化。斗牛是从祈愿富饶而把牛献给神的仪式发展而来，后来演变成今天的一种运动项目。斗牛用的黄牛不产奶，一生自由自在地奔跑在茫茫草原上。祭典时，黄牛的肉体就会成为人们敬拜神的献礼，而灵魂则消失了。一般，斗牛的过程会持续二十多分钟，残酷的战斗结束的瞬间，黄牛就像等待上帝的赐福一样，乖乖地等待斗牛士的刀尖。

这时，斗牛士和黄牛变成了沙滩上掠过的光和影。我把此刻称作“弥撒”。在圣餐日，牧师手中拿着的葡萄酒和饼，通过弥撒，喻意成耶稣的宝血和身体。在我看来，斗牛士的刀不如说是神赐予黄牛的恩典。

斗牛士一刀斩断黄牛的痛苦确实也是一门技术。但凡斗牛士有一点儿怜悯之心，在那一瞬间，那把刀或许会偏离黄牛的心脏，那么观众就不会为之喝彩。刀尖应该准确地对准黄牛的心脏，这一刀下去也斩断了斗牛士内心的一丝怜悯之情。

我之所以痛苦是因为我心中不忍。这果敢的一刀就会像光一样深入肌肉，瞬间刺到黄牛的心脏，一举斩断痛苦。瞬间，斗牛士和黄牛成了同行者。欢呼爆发出来的瞬间，死亡的黄牛在观众们心中复活了。

人生就像一把刀。无论儿子握着的刀，还是我握着的尖刀，刀都不是指向对方，而是指向自己。当我把刀尖对着自己的心脏时，瞬间感受到身体与心灵合为一体，也真实地感受到了自己的存在。我也想成为那样英勇的斗牛士，与生活中周遭的一切艰难困苦相抗争，最终成就自己的梦想，也成就家人的幸福。

感谢上帝，让我当上爸爸，把我心中熠熠发光的上帝真实地传达给我的儿子，为此我感到很幸运。我变成了在黑暗的地下室里虔诚地等待光亮的斗牛士。门一打开，我就拼命向外跑，我想那样地活着，儿子看到的我的人生，就那样成就了。

图书在版编目（CIP）数据

如果爸爸是个职业，我想跳槽：一个曾经不靠谱爸爸的真诚自白 /（韩）金熙坤著；王曼琪译. —北京：中国画报出版社，2014.6

ISBN 978-7-5146-1025-3

Ⅰ.①如… Ⅱ.①金… ②王… Ⅲ.①家庭教育 Ⅳ.①G78

中国版本图书馆CIP数据核字（2014）第111366号

如果爸爸是个职业，我想跳槽——一个曾经不靠谱爸爸的真诚自白

出 版 人：田 辉

著 者：（韩）金熙坤

责任编辑：张光红

出版发行：中国画报出版社

（中国北京市海淀区车公庄西路33号，邮编：100048）

电 话：010-88417359（总编室兼传真）010-88417409（版权部）

010-68469781（发行部）010-88417417（发行部传真）

网 址：http://www.zghbcbs.com

电子信箱：cpph1985@126.com

经 销：新华书店

海外总代理：中国国际图书贸易集团有限公司

印 刷：三河市金元印装有限公司

监 印：焦 洋

开 本：32开（889 x 1194）

印 张：6

版 次：2014 年 8 月第 1 版 2014 年 8 月第 1 次印刷

书 号：ISBN 978-7-5146-1025-3

定 价：28.00元